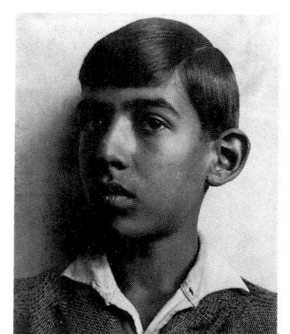

WILHELM FALLER
Ein Leben im Schwarzwald

Erzählt von Roland Lang

Ein Begleitbuch
zur Südwestfunk-Fernsehserie
"Die Fallers"

G. Braun SÜDWESTFUNK

„Die Fallers"
© Südwestfunk Media GmbH
© 1998 by G. Braun GmbH & Co.
Karl-Friedrich-Straße 14–18.
76133 Karlsruhe

Konzeption/Redaktion:
Helmut Rapp (SWF),
Bettina Bauer-Wörner (SWF),
Tina Elnawab (SWF)
Satz: fs-grafik, Filderstadt

Die Deutsche Bibliothek –
CIP-Einheitsaufnahme

Lang, Roland:
Wilhelm Faller : ein Leben im Schwarz-
wald; ein Begleitbuch zur Südwestfunk-
Fernsehserie „Die Fallers" / erzählt von
Roland Lang.
Südwestfunk. – Karlsruhe : Braun, 1998
ISBN 3-7650-8197-3

Bildnachweis

Lukas Amann, München: 45
Christiane Bachschmidt, Köln: 120,
130
Archiv G. Braun Buchverlag,
Karlsruhe: 17, 24, 64, 109
Ursula Cantieni, Baden-Baden: 107, 119
Hermann Dischler/Landratsamt Breis-
gau-Hochschwarzwald, Freiburg: 53
Karsten Dörr, Berlin: 127
Bernhard Dorer, Furtwangen: 38, 44,
47, 59, 70, 123
Wolfgang Hepp, Weil am Rhein: 79
Klaus Kapp, Karlsruhe: 9, 35, 52, 54, 66
Marlies Kircher, Karlsruhe: 23, 87, 90,
91, 96, 97, 101, 102
Eduard König, Breitnau: 126
Landesbildstelle Baden, Karlsruhe: 13,
15, 49, 75
A. Lang, Karlsruhe: 39, 42, 83, 85, 89,
95, 108, 117, 128
Felix Löffler, Furtwangen: 27, 28, 30, 55
Thomas Meinhardt, München: 115
B. Moraller, Karlsruhe: 32, 113, 131
R. Muser, Nordrach: 132
Berthold Schaaf, Gengenbach: 71
Peter Schell, Berlin: 125
Franz Schmidle, Hilzingen: 10, 20, 34,
36, 50, 62, 114
Südwestfunk Baden-Baden: 77, 81,
111, 121, 134, Umschlag
Alwin Tölle, Rötenbach: 93

Inhalt

Hirtenbub

Gestern hat es wieder einmal Streit gegeben mit Hermann wegen meiner 'Erinnerungen'. Er hat in der Küche herumgeschrien und die Türen zugeknallt. Seine Angst ist, daß er in dem Buch schlecht wegkommt. Als Bürgermeister will er immer gut dastehen. Seit ich an meinen Erinnerungen schreibe, gibt es in der Familie hin und wieder Unruhe. Johanna ist besorgt, Hermanns wegen, Karl hält sich raus. Nur Christina unterstützt mich ohne Wenn und Aber.

Das Schreiben ist wichtig für mich und macht mir Freude. Meistens geht es mir auch gut von der Hand. Aber manchmal ist es wie verhext, und ich komm nicht von der Stelle. Dann hol ich die Schachtel vor und schau Fotos an.

Da ist ein Bild, das zeigt Heinz auf der Terrasse seiner Missionsstation in Namibia. Er hat dieses Lächeln, das die Leute mögen. Heute denke ich, es war richtig, daß ich ihn drängte, Priester zu werden. Aber es kam mir damals natürlich nicht in den Sinn, daß er Missionar werden und uns verlassen könnte. Dann ein altes Bild von der Sägemühle mit Hermann und Franz als Kinder. Da vertragen sie sich noch einigermaßen. Auch wenn Hermann oft grob ist, er ist jemand, der einen Fehler einsehen und sich entschuldigen kann. Daß sich heute die beiden Brüder nicht verstehen, hat mir manche schlaflose Nacht bereitet. Ich begreif es nicht, denn ich hatte mit allen meinen Brüdern ein gutes Verhältnis.

Ein Foto von Karl und Christina, wie sie am Hochzeitstag den Holzstamm zersägen. Dann das Foto, das bei Alberts Taufe (mein zweiter Urenkel!) gemacht wurde. Im Vordergrund Bernhard und Monique mit dem Kleinen auf dem Arm. Wenn ich das sehe, krampft sich mir alles zusammen. Es will mir nicht in den Kopf, daß die beiden nicht beieinandergeblieben sind. Und ich hab die Hoffnung noch nicht aufgegeben, daß sie vielleicht eines Tages doch wieder...

Natürlich hab ich mich gefragt, für wen schreibst du das eigentlich? Die Antwort: ich schreib es für die Nachkommen. Das stimmt schon. Ich schreib es aber auch für mich. Ausgelöst wurde das wohl durch meinen Aufenthalt bei Heinz in Namibia. Die Zeit in Afrika hat mir viel gegeben. Es war, als würde ich von einem anderen Stern runterblicken auf mein Leben.

Ich hab mich gefragt, was bleibt von einem nach dem Tod? Da ist doch so ein Buch mehr als ein Grabstein und die paar Geschichten, die von einem in Umlauf sind. Ich hab mir oft vorgestellt, Bernhard oder die Eva säßen bei mir, und ich würde ihnen erzählen. Ich weiß, daß sie das interessiert. Es ist doch spannend zu erfahren, wie es früher zugegangen ist. Mich haben die Geschichten, die bei uns daheim erzählt wurden, als ich noch ein kleiner Bub war, immer interessiert. Allerdings wurde damals an die jungen Leute nicht so viel hingeredet wie heut. Es gab kein Radio, kein Fernsehen und keine Werbung.

Manchmal bin ich überrascht, wie deutlich ein Bild vor mir steht. Alles ist frisch und klar, als sei es erst gestern gewesen. Vergessen geglaubte Geräusche und Gerüche sind dann wieder da: das Schlagen der Dengelhammer, das schnalzende Geräusch des Treibriemens an der Dreschmaschine, der Geruch des Kartoffelfeuers, der kühle Duft der Bettlaken, die auf der Wiese zum Bleichen liegen...

Ich seh uns am Tisch sitzen: am 'oberen Tisch' zuöberst der Vater, links neben ihm die Mutter, dann Tante Alma, dann meine Schwestern Hilde und Elisabeth. Rechts vom Vater meine Brüder Georg, Frieder, Erwin und ich. Am 'unteren Tisch' am Tischkopf der Oberknecht, der 'Rosser', rechts ein weiterer Knecht, dann der Säger, dann meist noch ein Taglöhner und der Hirtenbub. Links vom Rosser die Obermagd, dann die Karolin (später die Maria), dann das Küchen-Maidli und daneben manchmal noch das Hirtenmaidli.

Beim Essen haben wir Kinder immer den Mund halten müssen. Am Tisch wurde nicht geredet. Da wurde der Mund nur aufgemacht, um zu beten. Nicht dran zu denken, Vater oder Mutter zu widersprechen. Widerrede gab es nicht. Gehorsam war oberstes Gebot. Wir sprachen Vater und Mutter auch nicht mit Du an. 'Du' weist auf Gleichberechtigung hin. Wir redeten sie mit Ihr an. Ich weiß noch, wie der Frieder, da war er schon aus der Schule, zum Vater einmal Du sagte und sofort eine geschmiert bekam. Ich hab mit dir net d'Säu ghietet, merk dir das, sagte der Vater.

Als Kinder sind wir in einer Umgebung aufgewachsen, in der Nichtreden als Tugend galt. Nur Hausierern, Hamberlen und alten Weibsen wurde das 'Bapple' zugestanden. Oder es wußte jemand wirklich spannend zu erzählen: zum Beispiel, weil er weit herumgekommen war. Das galt vor allem für die Kranitzer und die Hamberlen. Hamberlen waren Originale, Wandersleute, Gelegenheitsarbeiter.

Zu uns kam immer der Schermuser, auch Drei-Tage-Seppli genannt. Er hatte nur einen Arm, links steckte sein Ärmel leer in der Jackentasche. Im Frühjahr und im Sommer, sobald man über die Felder und Wiesen laufen konnte, kam er und fing Maulwürfe. Trotz seiner Einarmigkeit war er im Maulwurffangen, im Gebrauch der Fallen, sehr geschickt und erfolgreich. Er schlief die drei Tage, die er da war, in der unteren Kammer, und solange wurde er auch verköstigt. Außerdem bekam er für jeden gefangenen Maulwurf ein kleines Kopfgeld.

Abends saß er auf der 'Kunscht', der Ofenbank, und erzählte. Wenn er etwas hervorheben wollte, streckte er lehrerhaft den Zeigefinger in die Höhe. Die Männer rauchten oder 'schickten', und die Frauen nähten und hörten dem Schermuser zu. Ich erinnere mich an die Geschichte von der dicken Baronin, die im Tal auf einem vornehmen Gut wohnte. Eine Frau, die rauchte!

Sie besaß einen großen Garten, und in dem Garten gab es ein Spalier. Über den gebogenen Eisengittern waren Bohnen gepflanzt. Vom Hügel des Nachbarn aus sah man, wie die Baronin durch den Laubengang spazierte und dicke Zigarren rauchte. Sie lief ein paar Mal hin und her, und wenn sie den Laubengang verließ, warf sie die halbgerauchte Zigarre auf den Boden. Der Gärtner wartete schon und rauchte sie zu Ende.

Wir saßen und hörten uns immer neue Geschichten vom Schermuser an. Nie erzählte er Nachteiliges über die Bauern der Nachbarschaft. Er zog von Hof zu Hof und wollte es sich mit niemand verderben.

Es ist ja eine lange Zeit, auf die ich zurückblicken kann. Als ich 1912 geboren wurde, gab es noch einen Kaiser! Gedroschen hat man mit Flegeln, und gemolken wurde mit der Hand. Man fuhr nicht in Autos, sondern in Pferdekutschen. Wir hatten auch noch kein elektrisches Licht, sondern Petroleumlampen. Das Leben war hart, und die Leute waren arm, jedenfalls die meisten. Die Menschen haben sich ihr Brot schwer verdienen müssen. Halt gab ihnen die Familie, und Halt gab ihnen das Gebet.

Bauer und Bäurin, Vater und Mutter waren absolute Autoritäten. Wenn der Vater durch die Finger pfiff, hatten wir alles stehen und liegen zu lassen und zu kommen. Für die Eltern waren die Kinder Arbeitskräfte. (Heute denke ich manchmal, das war gar nicht so schlecht – und dann bin ich wieder froh, daß es nicht mehr so ist.) Für Spiele war kaum Zeit. Sie galten auch nicht als notwendig.

Als mir einmal die Vreni, unser Küchen-Maidli, half – ich werde vielleicht sechs oder sieben Jahre gewesen sein – Seifenlauge anzurühren, um mit einem Strohhalm Seifenblasen fabrizieren zu können, kam meine Mutter dazu, und es gab Krach. Hast du nix anderes zu tun, als mit dem Bub Blödsinn zu machen? fuhr sie die Vreni an. Mich stieß sie aus der Küche. 'Helf der Karolin beim Unkrautzupfen im Garten, das ist gescheiter!'

Die Mutter war nicht zimperlich mit uns Kindern. Ich weiß, ich hatte einmal fürchterliche Zahnschmerzen. Es bohrte und wühlte, der Zahn wackelte schon. Ich ging zur Mutter, heulte, die Schmerzen wollten nicht aufhören. Des henn mer glei, sagte die Mutter. Sie holte einen Faden und band ihn um den Zahn, dann knüpfte sie den Faden an die Türklinke. Ich mußte mich auf den Stuhl setzen, zitternd vor Angst. Mutter nahm meine Hand und rief: Vreni! Die Magd riß die Tür auf und stand vor einem halb weinenden und halb lachenden Kind. Mutter nahm den Faden mit dem blutigen Zahn und sagte: Den kannsch der uffhebe.

Meine Mutter hat bei diesem Bild immer gesagt, mit zwei Jahren hätte ich genauso ausgesehen. Das Foto zeigt aber nicht mich, sondern Hermann.

Es war Krieg, und Krieg war schlimm, aber für uns Kinder war er fern und unbegreiflich. Es hieß nur: 'Onkel Bertram steht im Feld.' Das hatte, wußte ich, mit dem Krieg zu tun. Ich wunderte mich, daß der Onkel dafür so weit weg in den Krieg ging, denn 'im Feld' hätte er doch auch bei uns daheim stehen können! Eines Tages kam meine Schwester Hilde und berichtete, daß oben Soldaten und Pferde und ein Automobil stünden. 'Oben' hieß an der Straße, die zum Ort führt.

Als ich mit meinem Leiterwägelchen hinkam – das kleine Wägelchen hatte ich neu, und ich nahm es überallhin mit – waren die Soldaten und die Pferde schon fort. Aber den anderen Wagen gab es noch. Da stand ich und starrte auf das erste Auto meines Lebens. Es war ein grüner, dreckbespritzter Militärlastwagen mit Vollgummireifen und einem riesigen Lenkrad.

Nachdem ich in die Schule gekommen war, teilte ich die Schlafkammer mit meinem Bruder Erwin, der zwei Jahre älter war als ich. Unser Stübchen, in dem zwei Betten, zwei Stühle und eine Kommode Platz hatten, befand sich am Gangende, direkt über dem Stall. Von dort stieg etwas Wärme auf und auch der Stallgeruch, denn es trennte uns nur ein einfacher Bretterboden.
Im Winter war die Kammer eiskalt. Oft waren die Fensterscheiben über eine Woche lang mit einer dicken Eisschicht bedeckt. Den ganzen Winter über lag ich in Hemd und Hose auf meinem Hälmesack. Manchmal tat mir die Karolin ein Kirschkernsäckle ins Bett. Das war ein Beutel, gefüllt mit Kirschkernen, die im Kachelofen aufgeheizt worden waren. Gewöhnen mußte ich mich auch an die Geräusche, die vom Stall heraufdrangen. Im Sommer vor allem an die Kuhglocken, die die Kühe anbehielten und die jedesmal anschlugen, wenn sie sich bewegten.
Im Sommer gab es Heuferien, es begann die 'Heiwet', die Heuernte. Wenn nach dem Mähen das Gras abgetrocknet war und am frühen Nachmittag in glühender Hitze aufgeladen wurde, stand ich bei den Pferden und verscheuchte mit Reisigzweigen die 'Brehmen', die Roßbremsen. Das war ein undankbares Geschäft. Die großen Bremsen und Fliegen und die kleinen 'Schwizerwibber' machten die Pferde und Ochsen schier toll. Oft schlugen sie wild um sich, und ich mußte aufpassen, daß ich nicht was abbekam.

Heiwet.

Trotzdem liebte ich die Heiwet. Alles was Beine hatte, war auf den Matten. Es waren fremde 'Mähder' aus dem Tal zum Helfen da, und beim z'Nüne-Essen saß man im Schatten, aß Brot und Speck, trank Most und warf sich ein paar Worte zu. Wenn für ein oder zwei Minuten alles still war, hörte man die Grillen und die Vögel, die Lerchen, die trillernd über dem Feld standen. Überall duftete es nach dem frischen Heu, und es war ein angenehm kühles Gefühl, wenn man barfuß über den frisch abgemähten Boden lief.
Einmal, bevor der letzte Heuwagen eingefahren war, ging ein schweres Gewitter nieder. Es goß in Strömen. Man konnte gerade noch das gemähte, halbtrockene Gras zu größeren Haufen zusammenbringen. Plötzlich kam durch den Regen die Vreni gelaufen. Triefnaß stand sie vor dem Vater und redete auf ihn ein. Der Vater ließ die Furke fallen und lief mit der Vreni zum Hof zurück. Ich rannte den beiden hinterher. Schon von weitem sah ich die braune Masse, die vor dem 'Spicher'

lag. Es war unser Rotfuchs, der Hansele. Er lag auf der Seite, die Beine steif wegge-
streckt, und das Wasser lief in kleinen Bächen über seinen massigen Leib. Er sah
unheimlich aus, und ich hatte Angst. Ich griff nach der Hand des Vaters, der im
strömenden Regen vor dem toten Pferd stand, und er nahm meine Hand und
drückte sie.

Wir liefen fast das ganze Jahr barfuß. Im Frühjahr, auch wenn es noch kalt war,
hieß es: Jetzt kenne ner d'Schueh dahoim loh. Ich bin gern barfuß gelaufen. Meine Füße hatten bald eine dicke Hornhaut, und Steine und Stoppeln machten mir nichts aus. Trotzdem hat man sich an den groben Schottersteinen auf den
Wegen oft die Zehen verletzt. Oder man ist in eine Glasscherbe getreten.
Einmal war mein großer Zeh tief aufgeschlitzt, die Wunde eiterte und wollte nicht
heilen. Ich erinnere mich, ich stand in der Haustür, auf dem Weg zur Schule, und
vor Schmerzen konnte ich kaum gehen. Ich hörte jemand den Gang entlangkom-
men und verbiß die Tränen. Es war Tante Alma, die an mir vorbeiging und kurz auf
den blutverschmierten Zeh schaute. So gehts ei'm, wenn ma net aufpaßt, sagte sie.
Tante Alma war die einzige von Vaters Geschwistern, die auf der Heimat (Heimat
meint bei uns das Elternhaus, den Hof) geblieben war. Mannsbilder, sagte sie, interessierten sie nicht. Sie war streng und fromm, und ihre spitze Zunge war gefürchtet. Sogar der Vater ließ seine bissige Schwester in Ruhe. Sie war älter als er und die
einzige, die ihm manchmal widersprach. An ihrer Arbeit war nichts auszusetzen,
aber jeder hütete sich, mit ihr Streit zu bekommen. Wir Kinder hatten Angst vor
ihr. Sie hatte aber eine Schwäche, und das waren Süßigkeiten. Sie aß gern Kuchen
und allerlei 'Zuckerle'. Wenn unsere Mutter sich manchmal mit ihr stritt, nannte
sie sie 'schleckig'.

Die Frau Apothekerin und die Frau Forstdirektor im Ort bezogen von uns
Kartoffeln. Manchmal brachte sie Georg mit der Chaise hin, aber es kam auch
vor, daß meine Mutter mit dem Handwägelchen loszog. Wir galten als großer,
wohlhabender Hof und waren es wohl auch. Aber die Zeiten waren schlecht und
jede Einnahmequelle willkommen. Und so war sich meine Mutter keineswegs zu
schade, selber mit dem Leiterwägelchen loszuziehen, zumal sie bei der Gelegenheit gleich ihre Schwester besuchen konnte. Meist nahm sie mich mit. Ich war
dann immer sehr aufgeregt und freute mich, ins Städtle zu kommen.
Tante Antonia, ihre Schwester, war die 'Papiertante'. Wenn ich sie besuchte, bastel-
te sie mir nämlich immer etwas aus Papier: einen Schutzengel, einen Papierflieger,
einen Helm, ein Schiffchen usf. Ab und zu schenkte sie mir auch kleine bunte
Heiligenbildchen. Immer war es etwas anderes. Deshalb ging ich gern zu ihr.
Tante Antonia wohnte als Trachtenschneiderin beim 'Schwarzwald-Engländer',
einem Uhrenhändler, der erst vor drei Jahren aus England in die Heimat zurückgekommen war. Er war als Neunzehnjähriger einen Monat vor Ausbruch des

Ersten Weltkriegs als Uhrenhändler nach England gegangen. Dann kam der Krieg, man nahm ihm die Uhren ab und internierte ihn auf der Insel Man.

Nach Ende des Krieges wurde er nach Hause entlassen. Der englische Staat zahlte ihm mit Zins und Zinseszins das Vermögen aus den einbehaltenen Uhren. Er kam als reiches 'Engländer-Herrle' zurück und kaufte sich ein Haus mit Laden in der Hauptstraße. An der Schaufensterscheibe stand 'Clockmaker'. Für uns Kinder war er eine geheimnisvolle, abenteuerliche Gestalt. Was wir nicht verstehen konnten, war das Schild an der Tür. Wir dachten, er habe eine besondere Art zu spucken gelernt. 'English spoken' stand da. Bei diesem Engländer-Herrle, der einen Glatzkopf hatte und einen komischen Wangenbart, bewohnte Tante Antonia zwei Zimmer im ersten Stock.

Ich begleitete meine Mutter ins Städtchen. Der Weg war so lang wie mein Schulweg, also fast eine Stunde. An jedem der beiden Kreuze, die wir passierten, bekreuzigte sich die Mutter und sie achtete darauf, daß auch ich es tat. Früher, sagte sie, habe man vor jedem Kreuz eine Kniebeuge gemacht, und die Männer hätten den Hut gezogen. Heute täten das die Menschen nicht mehr, und als ich fragte warum, meinte sie, weil sie nicht mehr so fromm sind. Warum, fragte ich wieder, da seufzte sie und sagte, ach, das verstehst du noch nicht.

Tante Antonia hatte Besuch. Es war ein Pfarrer, das sah ich an seinem schwarzen Gewand. Ich gab ihm die Hand und machte einen 'Diener'. Es war aber nicht unser Pfarrer Haas, den ich kannte, es war ein anderer Pfarrer. Diesmal hatte Tante Antonia auch keine Zeit für ein Papiergeschenk.

Ich habe damals nicht verstanden, warum meine Mutter auf dem Heimweg so schweigsam war. Ich fragte sie, ob das ein neuer Herr Pfarrer sei. Sie sagte kurz 'nein' und ich spürte, daß es nicht gut war, weiterzufragen. Viel später erinnerte ich mich an diesen Besuch und konnte mir zusammenreimen, daß damals seinen Anfang genommen hat, was später zu dem großen Zerwürfnis zwischen Mutter und Tante Antonia geführt hat.

Alle vier Wochen wurde Brot gebacken. Das war eine größere Aktion, bei der auch mir kleinem Kerl, der ich gerade in die Schule gekommen war, eine Arbeit zufiel. Immer, wenn Georg mit dem umgebauten Berner Wägele von der Mühle kam, wußte ich, daß Backen anstand. Der Vater kam mir sehr stark vor, wenn er mit nackten Armen den Teig durch die Backmulde schob, große Teigklumpen an den Rand klatschte, den Teig knetete und drückte und schlug.

Auf mich kam bei der Brotbackerei eine Aufgabe zu, vor der ich mich nach dem ersten Mal gleich zu drücken versuchte. Ich hatte nämlich nach dem Backen den Ofen zu säubern. Als man mich rief, versteckte ich mich hinter dem Misthaufen. Aber da ertönte Vaters Pfiff, und es war klar, daß ich schnellstens zur Stelle zu sein hatte. Ich blieb in der Hocke und dachte, vielleicht vergißt er es wieder. Er pfiff zum zweiten Mal, jetzt bekam ich's mit der Angst, ich sprang auf, um zum

Backhäusle zu rennen, rutschte prompt aus und landete bäuchlings in der Mist-
brühe.

Heulend und verdreckt von oben bis unten und entsprechend duftend, kam ich
hinter meinem Versteck hervor. Ich muß erbarmungswürdig ausgesehen haben,
denn mein Vater, den sonst nichts so schnell belustigte, verzog den Mund. Die
Karolin schlug entsetzt die Hände überm Kopf zusammen. Ja Bue, wie sieh's'ch du
denn aus? Es nützte alles nichts. Ich wurde gesäubert und bekam eine viel zu große
Hose und ein Hemd von Frieder.

Und als alles Brot gebacken war, hatte ich in das Gewölbe hineinzukriechen und
mit einem Handfeger die Körner aus den Ritzen und Winkeln herauszukehren.
Das war eine staubige und stickige Arbeit, die vorher immer das Hirtenmädchen
gemacht hatte. Aber die war nicht mehr bei uns, und nun mußte ich als der Klein-
ste den unangenehmen Besendienst verrichten.

Besonders gern hab ich Onkel Ludwig und Tante Martha
besucht. Onkel Ludwig war mein Götti, mein Pate, und
Vaters Bruder. Er wohnte mit seiner Familie auf der Sommerhalde des Schanzenkopfs in einem Berghüsle voller aufgemalter
Zauberzeichen und eingeschnitzter Kreuze. Ums Haus gab es
einen prächtigen Blumen- und Gemüsegarten und wunder-
schönen Blumenschmuck auch an den Fenstern. Mir hatte es
schon als Kind der dunkle Flieder angetan, von dem es in Tante
Marthas Garten zwei große Büsche gab, die im Frühjahr
schwer und süß dufteten.

Onkel Ludwig war Holzschnitzer. Auf einem Tisch in der
Ecke lagen Dutzende von Krippenfiguren und Kruzifixe. Der
Onkel schnitzte auch Ornamente und Reliefs für Möbel.
Außerdem war er ein geschickter Uhrenbauer. Hin und wie-
der machte er spezielle Kuckucksuhren. Kuckucksuhren mit
Echo oder Kuckucks-Wachtel-Uhren. Meist bestellten so
etwas amerikanische Touristen.

Gleichzeitig war Onkel Ludwig ein fleißiger Leser. Von ihm
erhielt ich die ausgelesenen Hefte des 'Lahrer Hinkenden
Boten'. Als ich Hirtenbub wurde, bekam ich von ihm mein
erstes Sackmesser. Und zu Pfingsten gab es den Pfingst-
wecken, in dem meist zwei oder drei Zehnerle steckten.

Der Götti war es auch, der mir das Uhrenlesen beibrachte. Ich versuchte, die
Uhr zu lesen, und nebendran schrie der kleine Reinhold, der seine ersten Zähne
bekam. Später stand ich neben dem Onkel an der Werkbank und schaute zu, wie
er mit Flacheisen und 'Geißfuß' umging. Ich bewunderte seine Geschicklichkeit
im Schnitzen. So etwas wollte ich später auch einmal können.

Onkel Ludwigs Berghüsle.

Als Karl im Frühjahr die Hauptrolle in dem Theaterstück über unseren berühmten Holzbildhauer spielte, mußte ich daran denken, wie ich zum ersten Mal auf den Namen Matthias Faller gestoßen bin. Das war bei meinem großen Bruder Georg. Georg war dreizehn Jahre älter als ich, der älteste von uns Kindern. Er war der Sägemüller. Viel lieber wäre er selber Holzbildhauer geworden, aber das ließen die Zeiten nicht zu. Vater brauchte jemand, der sich um Mühle und Säge kümmerte.

Die Säge, die erst um die Jahrhundertwende ein neues Mühlrad bekommen hatte, war der Stolz unseres Vaters. Der Hauptgrund für den Ausbau der Säge war, daß man für die gesägte Ware mehr erlöste als für den Rundholzstamm. Sägen und Mahlen brachten also gutes Geld. Es war eine für damalige Verhältnisse moderne Hochgangsäge mit Eisengußvollgatter. Dieser alte Hochgang ist gelaufen bis 1965. Georg war nicht ungern auf der Säge. Er liebte das Holz. Er sagte mir einmal, wenn er früh aufsteht und das frischgeschnittene Holz riecht, fühlt er sich sofort wohl. Georg war schon als junger Mensch ein Bär von Mann. Ich mochte sein ruhiges, besonnenes Wesen. Er war wirklich der 'große Bruder', der einen versteht und beschützt. Ich hing sehr an ihm, und ich konnte seinen frühen Tod lange nicht verwinden.

Auf dem Tisch in Georgs Mahlstüble lag ein schmales Büchlein. Ich ging damals in die zweite oder dritte Klasse, und alles Gedruckte zog mich an. In dem Heftchen waren Bilder von kleinen dicken Engeln. Sie spielten Geige, bliesen Posaune, sangen und beteten. Manche hatten komische Hüte auf. Das sind aber lustige Engel! rief ich. Die hat einer unserer Vorfahren geschnitzt, sagte Georg. Geschnitzt aus Holz? fragte ich. Ich konnte mir nicht vorstellen, daß sie aus Holz waren, sie sahen so lebendig aus. Der Großl hat sie gemacht? So nannten wir unseren Großvater manchmal. Georg lachte und sagte, nein, einer, der noch vor dem Großvater gelebt hat, der Matthias Faller. Das war also der Ahn gewesen, der die lustigen Engel geschnitzt hatte. Ich war stolz auf diesen Vorfahren und merkte mir seinen Namen.

Für mich war damals das Älteste, was ich kannte, der Großvater. Unser Großvater hatte schneeweiße Haare und einen kleinen Oberlippenbart. Er und die Großli, die Großmutter, wohnten im Leibgeding. Vor dem 'Libding' gab es den Garten mit den Johannisbeer-, Stachelbeer- und schwarzen Holundersträuchern, den zwei Tannen und der großen Buche. Am untersten Ast der Buche hatte der Großvater eine 'Gutsch', eine Schaukel für uns Kinder angebracht – ein Brettchen an zwei Kälberstricken. Wir durften aber nur sonntags schaukeln. Und auch nicht, wenn Großmutter die frische Schafwolle zum Trocknen und Bleichen auf der Wiese ausgelegt hatte.

Betrat man die Großeltern-Stube, hing links neben der Tür ein kleines Weihwasserbecken, in das man die Finger tauchte, um sich zu bekreuzigen. In der

Stubenecke war der Herrgottswinkel mit dem Kruzifix und den frischen Blumen darunter. Am Tisch davor saß der Großvater und las in einem Buch über Bienen. Ich versuchte, die ersten Sätze zu entziffern. Der Großvater buchstabierte mit. Das Schöne war, daß er immer Zeit für einen hatte.

Die Stube der Großeltern im Leibgeding. Am Tisch der Großl und Tante Alma.

Im Frühjahr begann mit der Schneeschmelze der Ackergang. Der Mist wurde ausgefahren, Roggen, Gerste und Hafer wurde gesät. Gesät hat bei uns immer der Vater. In diesem Jahr durfte ich neben dem Vater herlaufen und selbst eine Handvoll Körner aus dem umgehängten Säsack streuen.

Mit zehn gehörte man in der Schule zu den Großen. Das bedeutete: ab dem Frühjahr war ich Hirtenbub. Im April fing Frieder mit seiner Schreinerlehre an, er ging von zu Hause fort. Ich glaube, der Vater war beinah froh. Seit der Sache mit dem Jagdausflug sprachen die beiden nämlich kaum noch ein Wort miteinander.

Ich ging in die erste oder zweite Klasse, als die Geschichte passierte. (Und ich hab damals den Frieder insgeheim für seinen Mut bewundert.) Frieder – er wird damals vierzehn gewesen sein – schnappte sich im Libdinghüsle das Gewehr vom Haken (es hing im Flur, und niemand außer dem Großl rürte es an) und verschwand im Wald. Weder hat er den Großvater gefragt, noch sagte er, daß er ging. Sein Verschwinden fiel lange nicht auf. Erst als der Großvater zufällig die leere Stelle am Haken im Flur sah, wußte man Bescheid.

Ich war im Hof, als Frieder zurückkam, einen toten Hasen in der Hand. Er ging oder schlich vielmehr zum Leibgeding, um das Gewehr zu versorgen. Als er zurückkam, stand der Vater schon im Hof. Er zog sich den Leibriemen aus der Hose und begann auf Frieder einzudreschen. Zwischen den beiden fiel kein Wort. Frieder stöhnte und krümmte sich unter den Schlägen. Er stürzte neben den toten Hasen zu Boden, und das Blut lief ihm an den Beinen runter.

An Frieders Stelle hütete jetzt ich das Vieh auf dem Sommerberg. Wir hatten zwei Herden. Erwin hütete das Jungvieh, die Kälber und Stiere und die paar Schafe auf der 'Viehhütte', einer Art Alm. Ich hatte die zwölf Kühe am Sommerberg zu hüten. Ich bekam einen alten Kittel von Vater, einen grauen Filzhut, der vor Regen und Sonne schützen sollte und die lange, schön gedrillte Geißel. Mein Tag begann um halb sechs.

Hirtenbubenarbeit war nicht nur Ausfahren und Hüten. Es gehörte auch das Stallmisten, Kälbertränken, Viehputzen und Holzholen dazu. Ich hatte zwar als kleiner Bub schon im Stall geholfen, hatte Mistgabeln, Schaufeln und Eimer in der Hand gehabt. Aber es war doch ein Unterschied, ob mir der Frieder aus Spaß den Schubkarren voll Mist zum Schieben gab, um zu sehen, ob ich ihn schon anheben konnte, oder ob das Ausmisten und Mistfahren zur täglichen Arbeit gehört. Es hat mich der volle Schubkarren am Anfang öfter ins Taumeln gebracht, und einmal ist er mir auch umgekippt. Aber ich lernte schnell, und nach zwei Wochen konnte ich den Karren, wenn auch nicht voll beladen, sicher fahren.

Während die Hirtenbuben den Stall misteten, molken Hilde, Tante Alma und Karolin die Kühe, und der Oberknecht putzte die Pferde und fütterte sie. Auf dem Weg in die Stube wuschen wir unsere Hände am Brunnentrog auf der Bruck, ich spritzte mir eine Handvoll Wasser ins Gesicht und freute mich aufs z'Morge'esse: Brotsuppe und Milch. Die Morgensuppe stand schon früh auf dem Tisch und war mit einem Holzdeckel zugedeckt. Vor dem Essen wurde ein kurzes Tischgebet gesprochen, meist das Vaterunser und der 'Engel des Herrn'. Nach dem Essen galt es den Löffel sauber abzulecken und am Tischtuch nachzuputzen, bevor er in die jeweilige Schlaufe an der Wand kam.

Die Portionsweide mit Elektrozaun wie heute gab es noch nicht, die Tiere mußten gehütet werden. Man hatte aufzupassen, daß das Vieh nicht in den Wald ging oder in die Felder einbrach. Die Tiere auf die Weide treiben hieß 'ausfahren' und sie zurück in den Stall bringen hieß 'einfahren'.

Mein Weidberg hatte eine herrliche Lage: er erstreckte sich vom Talhang bis hinauf zur heutigen Bundesstraße. Von oben reichte die Sicht weit in den Hochschwarzwald hinein. Die nächsten Höfe, der Haubacherhof, der Sieberhof und das Zimmermann-Häusle, lagen in Sichtweite, und wir Hirtenbuben und Hirtenmädchen riefen oder sangen uns manchmal etwas zu.

Bis neun Uhr war gut hüten. Dann stieg die Sonne höher, es wurde heiß, und Schwärme von Bremsen fielen über die Kühe her. Die Tiere wurden unruhig, besonders bei schwülem und gewittrigem Wetter. Erst begann eine Kuh zu brüllen und mit klingender Glocke, den Schwanz in die Höh, zu laufen, dann die nächste – und im Nu rannten alle Richtung Wald. Ich mit erhobener Geißel hinterher. Sie spürten, daß jemand anderes als sonst bei ihnen war. In diesen ersten Tagen ist mir die Zeit schnell vergangen. Ich hatte, wie man sagt, bös hüten.

Als um elf unsere kleine Hofglocke läutete, war ich froh, einfahren zu können. Die Kühe blieben jetzt im Stall bis zum Nachmittag. Jede mußte an ihrem Platz im Stall angebunden werden. Nach dem Stall ins Haus, die Schulsachen richten und schnell zum Mittagessen.

Erwin, der auf der Hütte gehütet hatte, saß schon. Wir schlangen die Schupfnudeln und das Sauerkraut hinunter und machten uns auf den Weg. Kurz hinter dem Hahnenstein stießen die Buben und Mädchen von den anderen Höfen zu uns. Auch mein Freund, der Franz. Er war so alt wie ich, wir gingen in dieselbe Klasse. Franz besaß eine kleine Mundharmonika und konnte wunderbar drauf spielen. Er gab mir die ersten Anweisungen im Mundharmonikaspielen und ließ mich auch üben. Wenn wir in der Schulpause nebeneinander saßen und unser Vesper aßen, stieß er mich manchmal in die Seite. Ich wartete schon darauf und drückte dann mit dem Ellenbogen zurück.

Der Schulweg war der schönste Teil des Tages. Irgendeine Neuigkeit gab es immer. Manchmal begegneten wir zum Beispiel dem Stumpen-Kunle. Das war ein Tagelöhner mit einem Sprachfehler, der am Geißensteig bei seinem Onkel wohnte. Er half auf den Höfen, machte Reiswellen und war ein guter Mäher. Wenn er etwas Geld hatte, setzte er es im 'Löwen' um in Bier, vor allem aber in Stumpen. Er rauchte leidenschaftlich gern Stumpen. 'Dumpen Dinger to', sagte er, wenn er zwei Stumpen wollte. Seitlich am Hals wuchs ihm ein hühnereigroßes Geschwür, das immer rötlich glänzte. Begegnete er uns auf dem Schulweg, folgten wir ihm ein Stück und machten seine Sprache und seinen komischen Gang nach. Dann regte er sich furchtbar auf und fing an zu schimpfen und zu stottern, und wir stoben lachend davon.

Es war aufregend, aber es war fast immer eine Hetze, denn meist waren wir knapp dran. Aber es gab so viel zu erzählen! Wenn wir am Bachhäusle waren und auf die Kirchturmuhr sahen, wurden wir schlagartig still und fingen an zu rennen. Trotzdem kamen wir oft zu spät. Je nachdem in welcher Stimmung er war, glaubte uns Lehrer Hofheinz die Entschuldigung, oder er glaubte sie nicht. Er war damals noch neu auf der Hirtenschule und hat uns Hirtenkinder hart rangenommen. Es hagelte Tatzen und 'Hosenspannes', wenn wir die Schularbeiten nicht gemacht hatten, wenn sie nicht ordentlich waren oder wenn wir zu spät kamen. Erst später, als er sah, unter welchen Bedingungen wir lernen mußten, hat er mehr Verständnis für uns aufgebracht und ist großzügiger geworden. Die Hirtenschule war eine Schwarzwälder Besonderheit, die es schon lange nicht mehr gibt. Sie war ganz auf die Bedürfnisse der hiesigen Landwirtschaft ausgerichtet. Das hieß: die 'kleinen Schüler', das erste bis dritte Schuljahr, hatten im Sommer vormittags und im Winter nachmittags Schule. Die 'großen Schüler', die ab dem vierten Schuljahr, hatten im Sommer ab 12 Uhr 30 Unterricht, damit sie am Vormittag das Vieh hüten konnten. Wenn dann

Den Schulweg gingen Buben und Mädchen getrennt. In der Mitte, das größte Mädchen, meine Schwester Hilde.

um halb fünf die Schule aus war und sie heimkamen, wurde das Vieh noch einmal bis zum Abend auf die Weide getrieben. Im Winter wiederum hatten die Großen vormittags Schule. Die Kleinen hatten dann ab Mittag Unterricht. Dieser Stundenplan wurde jeweils zu Beginn des Schuljahres, damals an Ostern, bis Kilwi, also bis Kirchweih Ende Oktober, aufgestellt.

In der ersten Hütezeit hatte ich nur die Kühe und den alten Bane, das Roß, das neben dem Hansele gezogen hatte und lammfromm war. Die Kühe trugen Glocken, und zwar gegossene aus Messing und das Vieh, die Kälber, Farren und Ziegen, blecherne. Man hörte also genau am melodischen Läuten der Messingglocken (oder am blechernen der anderen), wo sich die Tiere befanden.

Nun gab es in der Herde eine junge Kuh, die Meili, die mir zu schaffen machte. Es zog sie zwar nicht in den Wald oder zum Feld hinüber, dafür, wenn es gegen halbzehn heiß wurde, heim in den Stall. Sie hatte einfach keine Lust mehr, auf der Weide zu bleiben, sie wollte den Bremsen entkommen. Ich schrie und schlug mit der Geißel und für einen Moment schien es, als habe sie sich besonnen, sie trottete zur Herde zurück. Aber zwei Minuten später preschte sie im Galopp und mit schaukelndem Euter davon, Richtung Hof. Ich konnte sie nicht aufhalten. Als ich später mit der Herde heimkam, stand sie schon angebunden im Stall, mich aus braunen Augen unschuldig anblickend. Jemand hatte gesehen, daß sie allein zurückkam und sie versorgt.

Am anderen Tag das gleiche Theater: sie warf den Kopf hoch und brannte durch. Ich hatte das Spiel satt und dachte: laß sie doch. Das Donnerwetter kam, als ich mit der Herde einfuhr. Peter, unser Oberknecht, kam mir wütend entgegen. 'Was bisch denn du für e' Hirtebue, kannst du nicht aufpasse, daß die Herd z'ammebleibt? Jetzt ist die Kuh in den Futtergang, wo frisch geholtes Futter lag, und hat das ganze Futter verschissen! Das ist doch eine Sauerei, das ganze Futter isch kaputt!'

Mein Vater hat von dem Vorfall erfahren und nichts gesagt. Das war seine Art. Er hörte sich etwas an und gab keinen Kommentar dazu. Man wußte dann nicht, ist er verärgert oder erfreut oder was. Als ich am nächsten Tag wieder verzweifelt hinter der Meili herrannte, die sich gegen zehn abermals auf den Weg Richtung Stall gemacht hatte, stand er im Hof, als habe er auf mich gewartet.

Er nahm mir die Geißel ab und sagte: So, jetzt wollen wir mal sehen, wer hier der Herr ist! Er zog der Meili mit aller Gewalt zwei über, um sie wieder aus dem Hof zu treiben. Aber die Kuh gab nicht auf. Sie warf den Kopf hin und her, machte zwei Schritte und blieb stehen. Der Vater gab mir die Geißel und sagte: Treib sie naus! Ich hab die Kuh regelrecht ausgepeitscht. Sie sah, als sie völlig geschwächt und müde den Widerstand aufgab, fürchterlich aus: an Kopf und Körper mit fingerdicken Striemen und Schwellungen bedeckt. Sie tat mir leid, aber ich wußte, wenn ich jetzt nicht durchgreife, tanzt sie mir immer auf der Nase rum. Mir lief der Schweiß von der Stirn, und mein Arm tat mir weh. Ich hab nur so zuschlagen können, weil der Vater dabeistand. Ich wollte es ihm beweisen. Die Meili war aus dem Hof. Treib sie zu den anderen Kühen, sagte der Vater. Wenn sie sich umdrehen will, schlag gleich drauf!

Am nächsten Tag hat sie es wieder versucht. Aber nun wußte ich, ich kann sie zwingen. Als sie den Kopf hob und herumschwenkte, schlug ich sofort zu. Nach ein paar Tagen brauchte ich nur mit der Peitsche knallen, wenn ich merkte, sie scharrt schon wieder mit den Hufen, und alles war in Ordnung. Mit den anderen kam ich gut zurecht. Sie gewöhnten sich an mich und erkannten mich bald an der Stimme. Im Sommer hatten wir drauf zu achten, welche Kuh 'rindrig' war. Die wurde dann zum Gemeindebullen geführt, der lange Jahre bei uns auf dem Hof stand.

Je nachdem, ob gut oder schlecht hüten war, konnte ich mich mit etwas anderem beschäftigen. Zum Beispiel 'glipfen' üben, Peitschenknallen. Oder Wolken beobachten. Damals fing ich auch mit dem Schnitzen an. Von Onkel Ludwig hatte ich das neue, schöne Messer, und nun holte ich mir Nußbaumstecken und schaffte die Rinde aufs Kernholz in allen möglichen Ornamenten. Später besorgte ich mir Lindenholz und versuchte, aus dem Klotz eine Kuh zu schnitzen.

Einmal bin ich beim Hüten eingeschlafen. Als ich erwachte, war der Teufel los. Von allen Hängen, drüben vom Haubacher-Hof und rechts vom Sieber-Hof, tönte es: 'Berio! Schadio! Fuler Hirt! Fuler Hirt! Schadefahre isch verbotte!' Die anderen Hirtenbuben und Mädchen hatten schnell gemerkt, daß sich meine Kühe selbständig machten und ins Feld des Nachbarn einbrachen. Und immer wieder: 'Berio! Schadio! Fuler Hirt! Fuler Hirt! Schadefahre isch verbotte!' Aus allen Ecken wurde gerufen und gejohlt.

Ich auf und den einzelnen Tieren nach, von denen zwei schon im Getreidefeld standen. Ich schwang die Geißel wie ein Wilder und trieb die Tiere so schnell wie möglich aus dem Feld, während die anderen Hirten lachend und spottend mein Treiben beobachteten.

An diesem Tag war ich froh, als die Hofglocke läutete und ich einfahren konnte. Ich versorgte die Tiere, schüttete im Stall noch Streu und Futter auf und ging zum Nachtessen. Der Vater war in der Stube, und mit der Bemerkung 'Ja was glaubsch du denn!' bekam ich vor versammelter Mannschaft eine Mordsohrfeige. Es gab von mir keine Entschuldigung oder Rechtfertigung, ich wußte, ich brauchte nichts zu sagen. Ich setzte mich an den Tisch und begann meine Suppe zu essen. Die anderen taten, als sei nichts geschehen. Der Vater verließ den Raum, und Karolin schob mir wortlos einen zweiten Kanten Brot hin.

Der andere Weideplatz, auf dem das Jungvieh und die Schafe weideten, war die 'Viehhütte' auf dem Belberg, zwanzig Minuten vom Hof entfernt. Bis jetzt war immer Erwin auf der Hütte gewesen. Nun wurde ich, da Erwin wegen seines gebrochenen Fußes nicht laufen konnte, hochgeschickt.

Wenn ich nachmittags in der Schule war, hütete meist die Vreni auf der Hütte, manchmal auch meine Schwester Hilde. Um sechs kam ich zur Ablösung. Während die Herde bei der Hütte weidete, mistete ich den Stall und streute neu. Wenn es nachtdunkel war, trieb ich die Tiere in den Stall – sie fanden ihren Platz auch im Dunkeln – verriegelte und machte mich in der Finsternis auf den Weg zum Hof. Oft ist es vorgekommen, daß alles schon im Bett lag, wenn ich von der Hütte kam. Auf der Kunscht stand ein Hafen Suppe. Nach dem Essen hätte ich noch Schulaufgaben machen sollen im Funzellicht der runtergeschraubten Petroleumlampe! Dabei fiel mir vor Müdigkeit schon der Löffel aus der Hand.

Das bin ich als Hütebub – und hab zufällig einmal Schuhe an.

Bei Regen war gut hüten, aber es war auch langweilig. Nässe und Kälte krochen mir in die Glieder. Schirm gab es keinen. Über den alten Kittel hatte ich einen Sack als Regenschutz gezogen. Der Schlapphut war bald vollgesaugt. Schlimm waren im Herbst die kalten Füße. Ich steckte sie, wie es die anderen auch taten, zum Wärmen in frische Kuhfladen. Der Regen wusch mir danach die Füße wieder sauber. Das heißt, blitzsauber wurden sie natürlich nicht. Und das führte manchmal zu Problemen in der Schule, denn der neue Lehrer Hofheinz hatte eine empfindliche Nase.

Oft bin ich auf der Hütte patschnaß geworden. Es gab immer wieder schwere Gewitter. Ich wußte schon, wenn diese unerwarteten Windstöße kamen, die Blätter plötzlich laut raschelten und es am Himmel rumorte, daß sich ein Unwetter ankündigte. Ich war allein und hatte Angst. Ganz tief hingen dann die Wolken, der Himmel wurde erst gelb und dann schwarz, und schließlich strich ein dumpfes Grollen den Horizont entlang. Zwischen dem ersten Krachen des Donners konnte ich weit entfernt das Gewitterläuten der Kirchturmglocke hören. Wenn ich es schaffte, die Tiere vor dem Hauptsturm in die Hütte zu bringen, konnte ich als Zuschauer, unter dem Dach vor dem prasselnden Regen geschützt, dem Gewitter zusehen. War das Unwetter direkt über mir, wurde es ungemütlich. Die Hütte stand frei auf dem Berg. Ich spekulierte immer auf die 'Pfutscher', einsam stehende Tannen, die angeblich gute Blitzableiter waren.
Einmal erlebte ich einen Wetterzauber mit taubeneigroßen Hagelkörnern und schwerem Sturm. Der ganze Belberg war weiß, es wurde schlagartig kalt, und über

mir krachte der Hagel aufs Dach. In der Nähe schlug ohrenbetäubend ein Blitz ein, so daß ich am ganzen Leib zu zittern begann. Ich kroch zu den Tieren, die ich rechtzeitig in den Stall hatte bringen können und drückte mich an den Hals eines der Kälber. Die Tiere muhten angstvoll. Ich heulte und betete laut, was sie ein wenig ruhiger werden ließ. Auch mich beruhigte die Nähe der Tiere.

Als sich das Gewitter verzogen hatte, machte ich mich frierend auf den Heimweg. Am Horizont war ein tolles Wetterleuchten zu sehen. Die Blitze sausten lautlos in alle Richtungen, verzweigten sich weit in den Himmel hinauf wie riesige Spinnen. Nur manchmal hörte man noch ein schwaches Donnern. Als ich auf den Hof trat, kam mir der Vater mit der Laterne entgegen. Er hatte sich gerade auf den Weg machen und nach mir schauen wollen.

Einen Hirtenbuben zu finden, war in den zwanziger Jahren nicht immer einfach. Man wußte in etwa, was auf die Kinder zukam. Meist aus Not, damit ein Esser weniger am Tisch war, wurden die Kinder 'verstellt', das heißt zum Bauern gegeben. Es gab gute und schlechte Plätze, das kam ganz auf den Bauern an. Es gab welche, die die Hirtenbuben und Hirtenmädchen gut behandelten, und es gab Höfe, da wurden die Hirtenbuben als die Schwächsten und Geringsten von allen schikaniert und ausgenutzt.

Mir hat mal der Daume-Hubert, ein Freund aus den fünfziger Jahren (er gehörte zu unserer Zego-Runde, jetzt ist er schon lange tot), selbst Bauer und ehemaliger Hirtenbub, gesagt: 'Der Mistkarren wurde unters Dach gestellt, damit er nicht naß wurde, aber die Hirtenbuben mußten bei Wind und Wetter barfuß hüten.' Das 'Image', wie man heute sagen würde, welches das Hirtenbubenleben hatte, war entsprechend. Man drohte den Kindern in der Stadt: Wenn du nicht parierst, kommst du zum Bauern zum Hüten!

Wenn man als Hirtenbub selbst zum Hof gehört hat, lagen die Dinge etwas anders. Aber wie sagte der Hubert, als jemand meinte, auf manchen Höfen seien die Hirtenbuben und Hirtenmaidli wie die eigenen Kinder gehalten worden: 'Auch die eigenen Kinder hatten damals nichts zum lachen.'

Es kamen viele Kinder aus dem Ruhrgebiet als Hirtenbuben in den Schwarzwald. Sie wurden von der Kirche oder von der Fürsorge in Freiburg zu den Bauern vermittelt. Man sagte den Bauern, daß es sich um Kinder von armen Leuten oder um Waisenkinder handelte. In der Schule fielen die Neuen durch ihren Ruhrpott-Dialekt und ihr lockeres Mundwerk auf. Manchmal erzählte einer von ihnen ganz aufgeregt, wie er beim Decken der Kuh zugesehen habe: das war für die was Besonderes. (Wir anderen konnten überhaupt nicht verstehen, was es darüber zu staunen und zu reden gab.) Ihre schulischen Leistungen waren wie die unsrigen auch: durchschnittlich, nicht glänzend.

In Religion waren sie allerdings schwach. Als eines Tages unser Pfarrer mit dem

Schuldekan in die Klasse kam, um uns zu prüfen, wurde auch einer der neuen Hirtenbuben aufgerufen. Der Olaf war aber gerade einer der wenigen Schüchternen aus dem 'Pott'.

Der Dekan war ein großer Mann mit einer lauten Stimme. Er rief den Olaf auf und fragte: Wer gehört alles zur Heiligen Dreifaltigkeit? Jeder konnte sehen, daß der Olaf keine Ahnung hatte. Der Pfarrer flüsterte dem Herrn Dekan etwas ins Ohr, aber der Dekan machte weiter. 'Du mußt doch wissen, wer zur Heiligen Dreifaltigkeit gehört!' fuhr er den Olaf an. Olaf schwitzte und zitterte und suchte verzweifelt nach einer Antwort. Na, wirds bald! machte der Dekan, und da stotterte Olaf: 'D - d - der H - Herr Dekan u - und d - d - der H - Herr Pfarrer!'

Meist ging ich gern in die Schule. Ich lernte gut und ich las gern. Meine Noten waren eher überdurchschnittlich. Es gab aber immer wieder Zeiten, in denen es mir sauer wurde. Das war zum Beispiel, als Lehrer Hofheinz, der vom Leben der Hirtenjungen keine Ahnung hatte, dachte, wir seien einfach dumm und faul.

Es setzte die verschiedensten Strafen. Das ging vom In-der-Ecke-Stehen und An-den-Haaren-Ziehen über Kopfnüsse, Ohrumdrehen und Backenstreichen bis zu Tatzen und Hosenspannes. Am Anfang gab Lehrer Hofheinz auch Hausaufgaben auf, die viele Hirtenbuben nicht imstande waren zu machen. Ich auch nicht. Dazu kam, daß hin und wieder einer von uns an den schwülen Sommernachmittagen vor Müdigkeit in der Bank einschlief. Auch mir war das schon passiert. Dann hieß es: Faller, komm her, dir werd ich's geben! Hosenspannes!

Also raustreten aus der Bank, den Oberkörper vorbeugen, Hofheinz trat auf die Seite und zog einem mit der Gerte eins über den Hintern, und wenn er wollte, traf er auch die Oberschenkel. Ich habe immer die Zähne zusammengebissen, um nicht zu heulen vor Wut und Schmerz. Lehrer Hofheinz war nicht mein Freund. Im Laufe des Jahres änderte sich sein Verhalten. Nach und nach erfuhr er etwas vom Tagesablauf der Hütekinder, und am Ende gab er auch keine Hausaufgaben mehr auf. Meine Sympathie gewann er, als er eines Tages etwas ganz Besonderes in den Unterricht mitbrachte: eine Banane. So etwas hatte noch niemand von uns gesehen. Hofheinz erzählte etwas über die Frucht, wo sie wuchs und wie sie geerntet wurde. Wir hörten aufmerksam zu. Er schälte die Banane und schnitt sie in ich-weiß-nicht-wieviel Scheibchen. Er hatte extra einen großen Teller mitgebracht. Dann mußten wir einzeln vortreten und jeder bekam eine hauchdünne Scheibe. Woher hatte Lehrer Hofheinz die Banane? Ich bewunderte ihn. Es kam mir vor, als habe er sie persönlich einem Löwen aus dem Maul gerissen.

Wir Kinder haben damals nicht in Jahreszahlen gedacht. Daß 1923 die große Inflation war, wußten wir nicht. Wir erlebten nur, daß uns Lehrer Hofheinz eine Zeitlang zum Kolonialwarenladen Schmidt schickte, um nach dem 'Multiplikator' zu schauen. Im Schaufenster des Ladens stand eine Tafel mit der Kreideaufschrift 'Multiplikator heute'. Der Multiplikator zeigte den Stand der Geldentwertung an.

Und der wurde am Dollar gemessen. Solange der Multiplikator nicht bekannt war, blieb der Laden geschlossen. Bezahlt worden ist damals mit Millionenbeträgen, ein Brot kostete 1 Million Mark. Die Arbeiter haben ihren Lohn, das viele Papiergeld, mit dem Rucksack abgeholt.

Einmal, als ich aus der Schule heimkam, saß Onkel Hanno, der älteste Bruder von Vater, an unserem großen Ahorntisch und weinte. Er schüttelte immer wieder den Kopf und wischte sich mit dem Handrücken die Tränen aus dem Gesicht. Vater und Mutter saßen stumm dabei. Onkel Hanno hatte ein kleines Anwesen kaufen wollen, seit langem gab es Verhandlungen darüber. Er hatte jahrelang gespart, jeden Pfennig auf die Seite gelegt. Der Hauskauf zog sich in die Länge, es kam die Inflation, und in kurzer Zeit hatte sein ganzes Geld keinen Wert mehr. Er war bettelarm.

Im Winter änderten sich die Schulzeiten. Jetzt hatten wir, die Älteren, von acht bis zwölf Unterricht. Es war tiefe Finsternis, wenn Elisabeth, Erwin und ich uns auf den Weg machten. Oft war im tiefen Schnee mühsam ein Weg zu bahnen, oder wir hatten gegen starkes Schneetreiben anzugehen. Manchmal lag so viel Schnee, daß an ein Durchkommen nicht zu denken war. Skier, die damals noch Schneeschuhe hießen, hatten wir in diesen ersten Schuljahren nicht.

In dem Jahr, das weiß ich noch, hat es schon Ende September ordentlich geschneit. Wir mußten das Vieh von der Viehhütte holen, es lag eine geschlossene Schneedecke. Die Hintermoser-Marili, die Butterhändlerin, die uns einmal in der Woche besuchte, um Anke (so heißt die Butter bei uns) zu holen und Bestellungen entgegenzunehmen, kam mit rotgefrorenen Beinen bei uns an. Auf ihrem Schlitzsack lag eine dicke Schneeschicht.

Auch im Winter hatten wir Schulkinder jeden Morgen eine Kanne Milch bei der Tante im Ort abzuliefern. Es war eine schwierige Sache, mit der vollen Kanne durch den Schnee zu stapfen. Manchmal war die Milch halb gefroren, manchmal stolperten wir mit der Kanne und verschütteten etwas. Oder es gab nassen Schnee, und wir wateten durch knietiefen Matsch. Die Wege und Straßen waren damals

Unsere Schulklasse. Erwin, Franz und ich in der hintersten Reihe.

von anderer Beschaffenheit als heute, nichts als Schlammbahnen. Mit durchweichten Schuhen und nassen Strümpfen kamen wir in der Schule an.

Zu Beginn des Schuljahres wurden wir gegen Pocken geimpft. Franz, der sonst so robust und lebhaft war, wurde blaß und still. Schließlich rutschte er von der Bank und blieb auf dem Boden liegen. Eine vorübergehende Schwäche, meinte der Arzt, der Schüler solle heimgehen. Lehrer Hofheinz sagte, ich solle den Franz nach Hause bringen.

Es war ein langer Weg, unser gewöhnlicher Schulweg. Jetzt hatte er etwas besonderes, weil wir ihn während der Schulzeit gingen. Franzens Heimat, der Sildehof, war ein bescheidenes Anwesen auf der Winterhalde mit drei Kühen und ein paar Ziegen. Franzens Vater, der 'Eisen-Hug', hatte hier eine kleine mechanische Werkstatt. Er machte Heimarbeit für zwei Metallwarenfabriken in der Stadt. Als wir auf dem Hof ankamen, liefen seine Geschwister von den Bohrmaschinen weg ans Fenster. Ich führte Franz in die Stube. Er war immer noch käseweiß im Gesicht.

In der Stube war die Werkstatt. Hier standen verschiedene Bohr-und Fräsmaschinen. Ein langer Transmissionsriemen lief an der Decke entlang. Es roch nach Öl und Eisenspänen. Strom bezog der Eisen-Hug von einem eigenen, wassergetriebenen Generator. Alle Kinder, außer den zwei Kleinen und Franz, saßen vor einer Maschine. Sie mußten Grate abfeilen und Bohrlöcher versenken. Es herrschte ein Höllenlärm, und die Luft war stickig.

Franz hatte neun Geschwister. Früher hatte das Schlafzimmer direkt über der Werkstatt gelegen. Die ersten beiden Kinder kamen taubstumm zur Welt. Die Hebamme hat dann geraten, wegen der Transmissionen direkt unter dem Schlafzimmer dieses zu verlegen. Franzens weitere Geschwister waren gesund.

Franz (links) und ich auf der Türschwelle unseres Hauses. Damals hat der Fotograf Scherzinger angefangen, 'Schnappschüsse' zu machen.

Der Franz war immer noch wacklig auf den Beinen. Ich dachte, hoffentlich wird er nicht krank. Damals passierte die Geschichte mit Erwins Freund Michel, die uns alle tief erschreckte. Es war mir bange um meinen Freund. Der alte Hug schaute Franz nur kurz an. Was isch los? Ich erzählte von der Impfung. Der Eisen-Hug zuckte mit den Schultern, murmelte was von Mutter und Küche und wandte sich wieder seiner Bohrmaschine zu.

Franzens Mutter war gar nicht in der Küche. Keiner kümmerte sich um uns – und ich hatte doch so Angst um den Freund! Lange saßen wir schweigend auf der Bank, eng aneinandergerückt und warteten.

Mein Bruder Erwin war mit dem Michel befreundet, dem Sohn des Untertal-Sägebauern. Dessen Säge, die es schon lange nicht mehr gibt, stand am Ende des Tales, weshalb der Michel auch den weitesten Schulweg hatte. Wir hatten den gleichen Schulweg, das heißt, der Michel, vom Untertal kommend, stieß beim Hahnenstein mit noch einigen anderen zu uns, und dann steckten er und Erwin die Köpfe zusammen. Mich wollten sie nicht dabei haben, ich war für sie 'der Kleine'. Sie hatten es immer mit dem 'Zaubern'. Aus einem Heft, das der Michel geschenkt bekommen hatte, lernten sie allerhand Zauberkunststücke, mit denen sie uns Kleine beeindruckten.

Der Untertal-Bauer mußte reich sein, jedenfalls dachten wir Kinder das, denn der Michel bekam, wenn er in der Säge half, von seinem Vater fünf oder zehn Pfennig. Wenn er das Sägemehl, das sie im Stall verwendeten, unter dem Sägegatter vorschaufelte, erhielt er für jeden vollen Sack zehn Pfennig. Erwin beneidete den Michel deswegen, denn er durfte das in unserer Säge nicht machen.

Wie es dazu kam, konnte nie vollends geklärt werden: der Michel holte wieder einmal das Sägemehl unter dem Gatter vor und der Säger, der nicht wußte, daß der Junge unter der Säge lag, ließ die Säge laufen, und das Sägegatter erdrückte den Michel. Er war sofort tot.

Ich war dabei, als es der Erwin von unserem Vater erfuhr. Er schaute den Vater an, schüttelte den Kopf, und nach einer Weile begann er am ganzen Leib zu zittern. Seine Zähne schlugen aufeinander, da zog ihn die Mutter zu sich. Sie strich ihn über den Kopf, während er in ihre Schürze weinte. Schließlich fing auch ich an zu heulen. Der Vater nahm mich bei der Hand, komm Bub, und wir gingen nach draußen und schauten den Monteuren zu, die dabei waren, die Strommasten aufzustellen.

Nachts fuhr ich hoch, aufgeschreckt durch Erwins Schreie. Er saß im Bett und stöhnte. Ich legte mich zu ihm, wie wir es oft getan hatten, als wir noch ganz klein waren. Sein Hemd klebte, er war schweißnaß. Er wollte aber nicht, daß ich die Mutter hole. Er schrie fast jede Nacht, und ich ging dann zu ihm, und zusammen schliefen wir wieder ein. Irgendwann müssen die Schreie aufgehört haben, oder ich wurde nicht mehr davon wach. Wochenlang war Erwin tief verstört. Es gab Tage, da sprach er kein Wort. In der Schule saß er stumm und teilnahmslos. Man ließ ihn. Karolin fragte ihn, ob sie ihm ihr silbernes Kreuz umhängen dürfe für ein paar Tage, und er nahm es.

In der Woche, in der das Unglück geschah, rückte auf dem Hof die Arbeitskolonne an, die den Strom legte. Wir bekamen elektrisches Licht. So oft ich konnte, stand ich bei den Monteuren, die nicht nur außen die Leitungen verlegten, sondern auch im Haus.

Die Elektriker waren junge Kerle mit blauen Schirmmützen und einem breiten Gürtel, an dem viele Haken und Schlaufen hingen. Der Vorarbeiter geriet gleich am zweiten Tag mit unserem schwarzen Peter aneinander. Vom Schopf aus beobachtete ich, wie sich die beiden Männer gegenüberstanden und aufeinander einredeten.

Der Vorarbeiter überragte Peter fast um einen Kopf. Ich hörte ihre lauten, erregten Stimmen, verstand aber nicht, was sie sagten. Dann tippte der Vorarbeiter den

Peter mit dem Zeigefinger ein paarmal gegen die Brust. Ich dachte, jetzt schlagen sie sich. Aber nichts passierte. Der Peter drehte sich um und verschwand im Haus. Er hatte den kürzeren gezogen. Das gefiel mir.

Vorm Peter, der unser Oberknecht, unser 'Rosser' war, hatte ich Angst. Er war gröber als alle anderen. Vater schätzte ihn, denn er war ein 'Wuhler'. Mir war er mit seinem dunklen Vollbart und dem schwarzen Filzhut, den er immer trug, unheimlich. Am 'unteren Tisch', der mit wenig Abstand an den unseren anschloß, führte er ein strenges Regiment. Wehe, es machte jemand den Mund auf. Solange er aus der Schüssel schöpfte, traute sich niemand hinzulangen. Dann nickte er und das hieß, die anderen durften auch nehmen. Ich weiß noch, wie er mit der Luise umsprang, die bei uns hütete, als Erwin mit gebrochenem Fuß im Bett lag.

Die Luise war eine Frische, Kecke und in dem Alter, in dem Mädchen gern 'pfuddere', wie wir sagen, kichern. Sie kam aus der Stadt, hatte aber schon oft bei ihrer Gotti, der Schanzenbäurin, die Ziegen gehütet. Beim Essen setzte sich die Luise am ersten Tag gleich links neben den Peter. Wir schauten, aber keiner sagte was. Das war der Platz der Obermagd, die an dem Tag mit der Mutter auf dem Ferkelmarkt war. Der Peter starrte böse, aber Luise lachte ihn an und begann zu erzählen.

Sie plapperte und schnatterte und merkte nicht, daß sonst niemand am Tisch den Mund auftat. Am 'oberen Tisch' schaute der Vater auf, sagte aber nichts. Ich wußte, er würde sich nicht einmischen. Ich versuchte, der Luise ein Zeichen zu geben, aber sie merkte nichts. Sie schwätzte weiter. Da griff der Peter mit der Faust in die Schüssel, und noch während sie redete, drückte er ihr zwei heiße Kartoffeln in den Mund. Ich seh noch heute Luises aufgerissene Augen und hör ihren dumpfen Aufschrei.

An Heiligabend hatten wir einen gewaltigen Schneesturm. In der Früh war nur wenig Schnee gefallen auf die dünne Schicht vom Vortag. Wir Kinder waren enttäuscht, weil der Schnee zum Rodeln nicht hoch genug war. Am Nachmittag kam dann runter, was runterging. Der Wind rüttelte an der Haustür, vor dem Fenster bewegte sich eine einzige weiße Masse. Herko, unser Hund, war in die Stube geholt worden.

Heiligabend gab es bei uns nie etwas Besonderes zu essen, immer das für diesen Tag übliche. Weihnachten 1923 war eine traurige Sache. Den Leuten ging es schlecht, viele hungerten. Viele waren arbeitslos. Es gab an diesem Abend bei uns 'bräglete' Kartoffeln und Milch, etwas, was ich sehr gern aß. Meine Spezialität war, auf dem Löffel die Bratkartoffeln mit der kalten Milch zu mischen.

Herko bellte, und es klopfte an die Tür. Die Karolin ging aufmachen, wir hörten reden, dann ging der Vater schauen und kam mit dem Trubert Johann, einem Tagelöhner, zurück. Der Mann war weiß wie ein Schneemann. Eiszapfen hingen ihm im Schnurrbart, in der Hand hielt er eine Milchkanne. Er wollte zum Haubacherhof, da holte er immer Milch, da war er Kunde, aber bei diesem Wetter war an ein Durchkommen nicht zu denken.

Es war Heiligabend, der Trubert hatte viele Kinder daheim, er fragte, ob er von uns ein bißchen Milch haben könne. Wir haben keine mehr, sagte die Mutter, es ist nur noch die da, die auf dem Tisch steht. Es war Winter, die Kühe gaben wenig her, wir waren ein Dutzend Leute auf dem Hof. Wir starrten den Trubert an, der Trubert starrte auf unseren Tisch mit den Bratkartoffeln und dem Milchkrug.

Will noch jemand? fragte der Vater und jeder schüttelte den Kopf. Er nahm den Milchkrug und schüttete den Rest der Milch in Truberts Kanne. Es war nicht viel. Da nahm die Karolin ihre Tasse und tat ihre Milch dazu. Manche hatten schon ausgetrunken, aber als jeder seine Tasse geleert hatte, war Truberts Schlegel fast voll. Inzwischen war die Mutter in den Keller gegangen und brachte eine Handvoll Kartoffeln. Der Trubert hat sie trotz seinem verschneiten, nassen Mantel umarmt.

Anfang Februar war Agatha. Agatha ist die Schutzheilige gegen Blitz und Feuer. Am Agathentag ging man mit der Laterne einmal ums Haus und betete drei Rosenkränze. Abends wurde 'z Agathle gebetet' und ein Brett mit Kerzen aufgestellt, für jeden Anwesenden eine. Früher hatte es geheißen, wessen Kerze als erste erlischt, der stirbt als erster. Es wurden aber jetzt alle Kerzen zusammen ausgemacht, seit es diese Geschichte mit Georg gegeben hatte.

Er war noch ein kleiner Bub gewesen, und seine Kerze war als erste erloschen. Georg hatte anfangen zu weinen und war nicht mehr zu beruhigen gewesen. Der Großvater, der damals noch der Bauer war, entschied, das gibt es bei uns nicht mehr, es werden künftig alle Kerzen zusammen ausgeblasen.

Am 14. Februar ist dann unser Hof abgebrannt. Am 14. Februar 1924 ist er abgebrannt, und am 30. Juni 1924 war er wieder aufgerichtet. An Kilwi sind wir in das neue Haus eingezogen.

Es konnte nie geklärt werden, was die Brandursache war. Man wußte nur, daß der Brand in der Nacht in der Küche entstanden ist. Seltsamerweise habe ich an diese Nacht nur undeutliche Erinnerungen. Ich höre das Hofglöckchen Sturm läuten und seh mich die Treppe hinunterrennen in den Hausgang, der bereits voller Qualm war. 'Das Vieh raus!' rief jemand. Es war stockdunkel, aber auf der Bruck brannte zu der Zeit noch Licht.

Unser alter Hof.

Es war ein unheimliches Knacken und Knistern in der Luft. Irgendwie ist es uns gelungen, die Tiere aus dem Stall zu holen. Dann das Bild, wie wir draußen im

Schnee stehen, und das Feuer schießt hoch aus der Tenne, riesige Flammen, die die Nacht erleuchteten und eine Hitzewelle, die uns zur Seite trieb.

Alles Vieh konnte gerettet werden und ein kleiner Teil des Inventars. Das Haus mit Stall und Schuppen brannte völlig nieder, Leibgeding und Spicher standen zu weit weg und blieben verschont.

Einen neuen Hof aufbauen, das dauert heute zwei Jahre. Damals ging das schneller, es mußte schneller gehen. Es gab den ganzen Papierkram mit den Baugenehmigungen noch nicht. Was wäre auch zu genehmigen gewesen? Unser Hof existierte seit 1751 an dieser Stelle...

Vater beriet sich mit dem Großvater, der Mutter und dem Baumeister, und man beschloß, den Hof hundert Meter weiter südlich neu aufzubauen. Das brachte Vorteile. Er stand jetzt günstiger zur Straße, die Schauseite ganz dem Tal zugewandt, und er bekam so, weil etwas höher auf der Sonnenhalde, mehr Licht.

Dann schritt Pfarrer Haas den Bauplatz ab und segnete ihn mit Weihwasser. Bald schon stand das Schnurgerüst. Alles Bauholz war 'im Wädel' geschlagen worden, in der Zeit zwischen Weihnachten und Neujahr. Es war unser eigenes Holz, Georg hatte es nach den Angaben des Spannmeisters zugesägt. Beim Richtfest wurden, wie es sich gehört, die Gläser nach dem Trinken auf dem Boden zerschmettert. Karolin sagte, man müsse als erstes eine schwarze Katze über die Schwelle schicken, damit sie alles Böse auf sich zieht. Das wurde aber nicht gemacht.

Das Errichten des Hausgerüstes für den neuen Hof.

Es dauerte dann noch über ein Jahr, bis in dem neuen Hof alles seinen Platz gefunden hatte. Dann war das Gröbste überstanden. Aber wir hatten viel Geld verloren. Es mußte eisern gespart werden. Die Versicherung zahlte mit Verzögerung, und das Inventar war gar nicht versichert gewesen.

Der Vater war noch schweigsamer als sonst und oft gereizt. Abends saß er über Papieren und rechnete. Als keine Tinte im Haus war, weil bei uns auf sowas niemand achtete, bekam er einen Wutanfall und schmiß das leere Glas gegen die

Tür. Später habe ich erfahren, daß er damals ein kleines Stück Wald verkauft hat. Ich habe die zwei Hektar später wieder ausgeglichen, als ich Ende der fünfziger Jahre an anderer Stelle zwei Hektar, die günstig an unseren Oberwald anschlossen, dazukaufte.

Die neue Lage des Hofes brachte auch im Inneren Verbesserungen. In der Küche gab es jetzt fließendes Wasser. Die Frauen mußten es jetzt nicht mehr eimerweise von der Bruck holen. Oben, von der Brunnenstube, führte eine Leitung in den Brunnengang und eine in die Küche. Im Stall waren für die Kühe Selbsttränker eingebaut worden. In die meisten Räume kam elektrisches Licht. 1925 kaufte Vater eine Kreissäge, dadurch konnte das Winterholz schneller aufbereitet werden. 1926 kam die Dreschmaschine dazu, die mit einem Elektromotor angetrieben wurde. Flegel und Göppel hatten ausgedient.

Hofengel

Christina hat mich neulich gefragt, ob von Anfang an klar war, daß von uns Kindern ich den Hof bekommen würde. Sie interessiert sich am meisten für die Geschichte des Hofes. Das gefällt mir. Sie hat Bauernblut in den Adern. Oft bringen mich ihre Fragen auf etwas, das ich ganz vergessen habe.

Daß ich den Hof bekommen würde, wußte ich seit meiner Ersten Kommunion. Seit der Kommunionsfeier damals. 'Hofengel' heißt bei uns der Hoferbe. Früher war das immer der jüngste Sohn des Bauern. Der Brauch stammte noch aus der Zeit, als die Höfe Lehensherren hatten und reichlich Abgaben leisten mußten. Heute gibt der Bauer demjenigen den Hof, den er für den geeignetsten hält. Das kann auch eine Tochter sein.

Nach der Feier in der Kirche fuhren wir in den 'Löwen', wo das Nebenzimmer gemietet worden war. Die Erste Heilige Kommunion wurde bei uns immer groß gefeiert. Geschwister, Tanten, Onkel, Großeltern – die ganze Verwandtschaft war versammelt. Und ich war die Hauptperson! Ich trug den neuen Anzug, den Wochen vorher der Schneider auf der Stör genäht hatte. Ich fühlte mich darin sehr erwachsen.

Nach dem Essen bekam ich kleine Geschenke. Von den Großeltern einen Hut – damals trugen die Buben, wenn sie etwas älter waren, Hüte. Vom Götti gabs ein Taschenmesser. Ich prüfte gleich die Klingen und ließ sie auf- und zuschnappen. Dann rief mich der Vater: Wilhelm! Ich hör es heute noch. Es klang aber ganz freundlich.

Der neue Hof.

Als ich vor ihm stand, war ich aufgeregt, denn ich wußte, daß ich von ihm ebenfalls etwas bekommen würde. Ich hatte aber keine Ahnung, was. Tante Alma, die neben ihm saß, sagte: Tu jetzt das Messer weg. Ich steckte es in die Hosentasche meiner neuen Hose.

Der Vater ließ sich von der Mutter ein kleines Stoffsäckchen geben. Er griff hinein und zog eine vergoldete Taschenuhr mit Kette heraus. Ich sah auf die Uhr, die in seiner Hand lag. Das Herz schlug mir im Hals. Die gehört jetzt dir, sagte der Vater. Für einen Moment war es ganz still im Raum. Ich konnte mich nicht rühren. 'Nimm sie!'

Ich war überrascht, wie schwer sie war. Die Kette glitt ganz leicht über die Finger. Ich ließ den Deckel aufschnappen und betrachtete das weiße Zifferblatt mit den feinen römischen Zahlen. Am Ohr hörte ich das helle Ticken. Da stand ich, schaute Vater und Mutter an und ich glaube, ich brachte noch ein 'Dankschön' raus. Wir heben sie für dich auf für später, sagte die Mutter. Die Uhr, das wußte ich, hatte der Vater von seinem Vater bekommen. Es bekam sie stets derjenige, den der Bauer zum Hoferben bestimmte.

Das konnte nur einer sein. Natürlich waren dadurch die anderen Geschwister benachteiligt. Unser Vater hat da einen gewissen Ausgleich zu schaffen versucht. Er wollte, daß seine Söhne einen Beruf erlernen. Darin unterschied er sich von anderen Bauern. Bauernsöhne haben keine Berufe gehabt, meinte einmal mein Freund, der Daume-Hubert. Erwin fand nach langem Suchen eine Lehrstelle als Schlosser. Vater hatte seine Beziehungen spielen lassen, wie man heute sagen würde. Denn seinerzeit, 1927, waren Lehrstellen in unserer Gegend Mangelware. Auch Franz hatte lange nach einer Lehrstelle gesucht und schließlich Glück. Er begann im Ort eine Ausbildung als Schneider.

Daß ich gleichfalls einen Beruf erlernen sollte, davon war nie die Rede. Ich war der Hofengel, und meine Lehrstelle war der Hof. Hier gab es genug zu lernen. Und lernen wollte ich.

Schon als Schulbub hatte es mir Großvaters Gewehr angetan. Ich hätte so gern damit geschossen. Nach Frieders eigenmächtigem Jagdausflug war lange nicht dran zu denken. Erst mußte ich älter werden. Wie alt? fragte ich. Mach erst mal die Schule fertig, sagte der Großl.

Als ich die Schule endlich beendet hatte, nahm er mich regelmäßig mit auf die Jagd. Mir gefiel das Umherstreifen, die langen Gänge im Morgengrauen, aber auch das stille Warten auf dem Hochsitz. Das Schießen übte ich in der Sandgrube vom Pfaff-Bauer, der es erlaubte. Bei keiner Sache zeigte ich so viel Eifer wie bei den Übungen in der Sandgrube. Mit dem Gewehr kam ich mir ganz groß vor. Immer wieder schärfte mir der Großvater ein, vorsichtig mit der Waffe umzugehen. Wer ein Gewehr benutze, trage eine große Verantwortung. Einmal saßen wir in der Sandgrube auf einem Baumstamm, und der Großl erzählte mir, wie in seiner

Jugend ein Freund durch ein Schießunglück ums Leben gekommen war. Am Anfang gab er mir nur seine alte elsässische Schrotflinte. Die lag leicht in der Hand und war einfach. Ich lernte schnell, mit ihr umzugehen. Es zeigte sich, daß ich ein gutes Auge hatte. Ich traf immer besser.

Vater jagte selten. Er habe kein Jägerblut, meinte der Großvater. Mich hielt er für einen begabten Schützen, worauf sich der Fünfzehnjährige natürlich was einbildete. Bald übte ich auch mit seinem alten Weltkriegskarabiner. An den kräftigen Rückstoß gewöhnte ich mich schnell. Die Gänge mit dem Großl in den Wald wurden meine liebste Beschäftigung. Meist zogen wir frühmorgens schon los. Es war wunderschön, das Kommen des Tages zu erleben.

Mein erster Rehbock, das war ein großes Erlebnis! An diesem Tag saßen wir lange auf dem Hochsitz am Oberen Schlag. Langsam nur lichtete sich der Nebel. Es begannen die Vögel mit ihrem Konzert. Dann kamen die Rehe, eins nach dem anderen traten sie aus dem Wald, machten ein paar Schritte auf die Lichtung. Ich hielt den Karabiner im Anschlag. Der Großvater schaute durchs Fernglas. Der Bock, der jetzt nach links geht, flüsterte er. Ich war ganz ruhig, zielte und drückte ab. Es war ein sauberer Blattschuß. Erst danach kam die Aufregung, und ich bekam, was mir manchmal passierte, den Schluckauf. Als wir vom Hochsitz runterstiegen, nahm der Großvater einen kleinen Tannenzweig und steckte ihn mir an den Hut. Ich war mächtig stolz.

Hedi als Vierjährige mit Puppe.

In diese Zeit fallen auch meine ersten größeren Schnitzversuche, die ich Onkel Ludwig zeigte. Vom ihm bekam ich fast immer ein Lob. Auch als ich mich an Gesichtern versuchte. Ich schnitzte sie aus der Phantasie. Manche gerieten sehr komisch. Der Götti lachte. Gut so, sagte er, wichtig ist, daß es dir Freude macht. Tante Alma bemerkte zu ihrem Bruder: Was redschn dem Bu für Zeug ein? Des isch unseri Sach, antwortete der Götti.

Wir waren beim Onkel zu Besuch, weil, glaube ich, der kleine Reinhold gerade in die Schule kam. Vater, der sein Götti war, schenkte ihm den Schulranzen. Es war ein warmer Frühlingstag, und in Tante Marthas Garten duftete der Flieder so intensiv wie nirgends sonst. Vor einem Jahr hatte Reinhold ein Schwesterchen bekommen. Die Verwandtschaft stand vor dem Kinderwagen, der in die Sonne geschoben worden war, und bewunderte die kleine Hedwig, die ruhig und zufrieden schlief. Dann gingen alle ins Haus zurück, und als wir in der Stube waren, sagte Tante Martha, sie habe gehört, Tante Antonia sei aus der Kirche ausgetreten. Sie sei zu den Altkatholischen.

Unsere Mutter war plötzlich weiß wie die Wand. Es hat ihr im ersten Moment die Sprache verschlagen. Alle waren fassungslos. Vom Glaube abgfalle, sagte der Vater, und der Satz ging mir durch Mark und Bein. Das hab ich gewußt, das hab ich gewußt, das hab ich gewußt! rief Tante Alma. Es klang fast, als freue sie sich. Jemand sagte: So eine Schande! Die Familie war völlig in Aufruhr. Ich selber war furchtbar enttäuscht. Daß die Tante so etwas machen konnte! Ich verstand es nicht. Da war die Frau, die mir Kunststückchen mit Papier zeigte und die ich gern hatte, und da war die gleiche Frau, die unseren Herrn Jesus verriet wie Judas! Das ist alles der neue Pfarrer, den die haben! ereiferte sich Tante Alma. Der ist mit dem Teufel im Bund, glaubt mir. Der verhext die Leut!

Ein halbes Jahr später starb der Opa Schanz, Mutters Vater. Die Großeltern Schanz, die wir Kinder nur selten sahen, stammten ursprünglich vom Bodensee, aber sie lebten schon lange bei uns im Nachbartal. Bei der Beerdigung gab es eine böse Szene. Mutter erlaubte Tante Antonia nicht, mit den anderen Geschwistern hinter dem Sarg des Vaters zu gehen. Onkel Bertram und Tante Irmela, die anderen Geschwister, mußten die beiden Frauen, die sich anschrien, voneinander trennen. An diesem Tag sprach niemand ein Wort mit Tante Antonia. Alle gingen ihr aus dem Weg. Nur Onkel Bertram verabschiedete sich von ihr. Das gefiel der Mutter gar nicht, doch Bertram galt sowieso als 'Roter'. Er war nach der Demobilisierung im Ersten Weltkrieg auf dem Weg nach Hause kurze Zeit in Berlin gewesen und hatte dort 'Revolution gemacht', wie es hieß.

Der alte Pfarrer Haas kam manchmal auf den Hof. Ich hatte großen Respekt vor ihm, vor allem, weil ich mich noch gut an seine Religionsstunden erinnerte. Er schlug zwar nicht, aber er hatte die Angewohnheit, einem an den kurzen Haaren hinterm Ohr zu packen und aus der Bank hochzuziehen. Er war aber in der Schule auch derjenige gewesen, der ab und zu lobte. Und er konnte lachen. Das war das, was ihn mir am Ende doch noch sympathisch machte.

Mir fiel auf, daß er in der Zeit vor Weihnachten zwei oder drei Mal kam. Das war ungewöhnlich. Er sprach mit Hilde, er nahm sich Zeit für sie, denn sie hatte den Wunsch, ins Kloster zu gehen. Mich wunderte das ein bißchen. Ich hatte die ältere Schwester nie als besonders fromm angesehen. Sie war mir immer sehr praktisch und tatkräftig vorgekommen. Sie war ein bißchen mollig und hatte ein liebes Gesicht, ich denke, sie hätte keine Schwierigkeiten gehabt, einen Mann zu finden. Aber ihr Entschluß stand fest und wurde von den Eltern gutgeheißen. Sie wollte zu den Franziskanerinnen nach Gengenbach. Dieses Weihnachten blieb sie noch bei uns und half beim Aufstellen der Krippe. Das war seit jeher Aufgabe von uns Geschwistern. Wir haben immer viel Spaß dabei gehabt. Ich meine, wir haben nicht Blödsinn gemacht, dafür war uns das Herrichten der Krippe zu ernst. Wir hatten aber Freude am Beieinandersein und Zeit zum Erzählen. In diesem Jahr hatte ich einen kleinen Hund geschnitzt, der neben das Jesuskind in der Krippe postiert wurde.

An Weihnachten sah ich auch Franz wieder. Er war dünn geworden, und auf seiner Oberlippe begann ein Bärtchen zu sprießen. Wir gingen den schmalen Pfad am Oberen Holzschlag entlang und rauchten zur Feier des Tages eine Zigarette. Franz erzählte von seiner Schneiderlehre. Er sagte, die Gesellen machten ihm das Leben schwer, die Lehrlinge würden von ihnen getreten und geschlagen. Dann das Geldeintreiben bei den Kunden, die nicht zahlen wollten! Das hasse er besonders. Er sei dabei schon Treppen hinuntergeworfen worden. Und er sagte den Spruch, den ihm sein Vater zu Beginn der Lehre mit auf dem Weg gegeben hatte: Der Teufel wolle alles sein, nur kein Rekrut und kein Lehrbub.

Ein Lehrbub war ich in gewisser Weise ebenfalls, auch wenn ich mehr Freiheiten hatte als Franz oder Erwin. Geschafft hab ich sicher nicht weniger als sie. Doch konnte ich mir meine Zeit öfter selbst einteilen. Manchmal packte ich das Rad und fuhr in den Ort, fuhr die Hauptstraße entlang bis zum Engländer-Herrle, in dessen Haus Tante Antonia immer noch wohnte. Es hatte sich da nichts verändert. Einmal sah ich ihren Schatten hinter dem Vorhang.

Im Laden des Schwarzwald-Engländers stand der Stumpen-Kunle und sprach mit dem Engländer-Herrle. Dessen rechte Hand war dick verbunden. Ich fragte mich, was macht der Kunle in dem Uhrengeschäft? Es stellte sich heraus, daß der Kunle den Uhrmacher ins Tal hinunterkutschieren sollte, zum Sympathiedoktor Benz. Das Engländer-Herrle hatte sich nämlich den rechten Arm verbrüht, und die Wunde eiterte und wollte nicht heilen. Und bei dieser Gelegenheit würde der Doktor Benz (er war gar kein richtiger Doktor) auch Kunles rotes Geschwür am Hals 'besprechen'. Wegem Gschwür nunner zum Benz, bald nunner, der machts weg, sagte der Stumpen-Kunle.

Stumpen-Kunle.

Von uns Kindern hatte Frieder immer noch das gespannteste Verhältnis zum Vater. Am Frieder hatte der Vater am meisten rumzukritteln. Nichts machte der ihm recht. Auf der anderen Seite war der Frieder immer schon bockig und widerspenstig gewesen. Darum wollte er auch so schnell wie möglich von zu Hause fort. Als er dann in der Lehre in Offenburg war, hörten wir lange nichts von ihm. Zwei oder drei Mal schrieb er. Georg besuchte ihn einmal, als er in Offenburg zu tun hatte.

Dann schrieb Frieder, er würde an Pfingsten kommen. Ich freute mich auf ihn. Dann wieder sagte ich mir: warts ab, denn Frieder war ein schwieriger Mensch. Er hatte etwas Ruheloses. Ich glaube, das war es, was unseren Vater so reizte. Er sagte: Der weiß doch net, was er will.

Frieder war mit seiner Zimmermannslehre fertig und wollte nun 'auf d'Walz'. Und jetzt erschien er mit dieser Frau, die er als seine Verlobte angekündigt hatte. Gerlinde hieß sie, kam mit Bubikopf, angemalten Lippen und in einem Sackkleid, das nur kurz über die Knie ging. Daneben er in schwarzer Zimmermannskluft, Weste mit Perlmuttknöpfen und großem Hut. Herko war ganz aus dem Häuschen und bellte die beiden an, als habe er Frieder nie gekannt. Bis der ihn anschrie und der Hund den Frieder an der Stimme erkannte.

Karolin kochte Kaffee, und Mutter brachte einen Hefezopf. Wir saßen um den Tisch und schauten auf Gerlinde, die Frieders Braut war. Das Gespräch war mühselig. Tante Alma hatte sich gar nicht erst gesetzt, sondern stand hochaufgereckt und mit verschränkten Armen an der Kunscht. Die Frau lobte den Kuchen, worauf Tante Alma meinte: Anmale könne mer uns nit so gut, aber en Kuche bringe mer grad noch fertig.

Nach zehn Minuten stand der Vater auf und ging hinaus. Nur Georg sprach ein paar Worte mit jener Gerlinde. Er hatte immer ein nahes Verhältnis zum zweitältesten Bruder gehabt. Jetzt half er ihm, indem er redete. Die Frau aß langsam ihr Stück Kuchen und hielt den Kopf gesenkt. Wir anderen standen nach und nach auf und gingen hinaus.

Frieder fuhr noch am selben Tag mit der Frau ab. Im Spätsommer erfuhren wir, daß er Vater wird. Er kam aber die nächsten Monate nicht mehr nach Hause.

Die Großli mit Herko.

Der neue Hirtenbub, der Dolfi, war einer der Trubertsöhne. Er unterschied sich von allen seinen Altersgenossen, aber nicht nur zum Vorteil. Er war nämlich saufrech. Mich ärgerte das. Ich muß es so sagen: alle Knechte und Mägde und Taglöhner haben gebuckelt, sie hatten Angst um ihre Arbeit. Der Dolfi nicht. Der hatte keine Angst. Ich bekam oft Streit mit ihm. Ich kommandierte, ich war der Sohn des Bauern. Aber der Dolfi ließ sich nichts gefallen. Er war noch ein Schulbub, ging das letzte Jahr zur Schule, doch wenn ihm was nicht paßte, gab er Kontra.

Irgendetwas gefiel mir trotzdem an ihm. Er war nämlich geschickt und ein guter Arbeiter. Er konnte sicher 'vorgehen', die Ochsen führen, während ich den Pflug hielt. Im Spätherbst half er beim Kartoffelrausmachen. Es war schon kalt, und der Dolfi hatte immer zu wenig auf dem Leib. Ich brachte ihm von Frieder einen alten Kittel. Zwei Tage später gabs ein großes Geschrei. Vater jagte den Dolfi fluchend vom Hof.

Man hatte ihn wegen dem Kittel zur Rede gestellt, sie glaubten, er habe die Jacke ohne zu fragen vom Haken genommen. Dolfi gab an, daß ich ihm den Kittel gebracht hätte. Soweit war das in Ordnung. Aber der Dolfi hat den Vater mit seiner stoffeligen Antwort gereizt. Er hat Widerrede gegeben, er konnte einfach nicht den Mund halten. Ich sah ihn, wie er den schmalen Weg hinterm Hof entlang wegging. Der Kittel hing über der Wagendeichsel. Vater brüllte ihm noch was nach.

Das war Dolfis erstes Gastspiel bei uns. Es sollte nicht sein letztes sein.

Eigentlich hieß der Hof oberhalb unseres Grundstücks Lindenhof. Weil aber eine große Sandgrube zum Hof gehörte, nannten wir ihn Sandelhof. Der Lindenbauer, der alte Pfaff, verkaufte den Sand an Baufirmen. Er besaß aber nur zwei leichte Pferde und blieb mit seinen Wägen oft stecken. Ich sah ihn dann fluchen und die Peitsche schwingen.

Einmal kam ich mit den Ochsen von der Straße zurück. Georg und ich waren wegen dem steilen Weg vierspännig zur Straße hochgefahren, wir hatten Papierholz geladen. Georg fuhr zweispännig mit der Ladung zur Bahnstation nach Himmelreich weiter, und ich führte das Paar Ochsen auf den Hof zurück.

Jetzt steckte der alte Pfaff mit seinem Fuhrwerk wieder einmal fest. Seine Rösser schafften es einfach nicht. Sie 'geigten' nur, und der Wagen sank immer tiefer. Am Haus oben stand eine von seinen Töchtern am Fenster, die Rita, und sah zu. Der alte Pfaff fluchte. Ich schlug ihm vor, seine zwei Pferde auszuspannen, ich würde es mit den Ochsen versuchen. Rita winkte herunter. Der wollte ich imponieren. Ich fuhr mit den Ochsen- und Pferdegespannen inzwischen wie ein Alter. Da war ich ehrgeizig und geschickt. Du mit deine Ochse! sagte der alte Pfaff. Dann spannte er aber doch aus. Wenn du's schaff'sch, krieg'sch e Bier, meinte er. Ich spannte die zwei Ochsen ein. Der eine, der Goldi, war stark wie ein Büffel. Hü, ihr beiden! rief ich, und die Ochsen zogen an. Am Wagen knisterte und quietschte das Holz. Hü! rief ich nochmal und die Ochsen legten sich ins Joch. Dann gab es einen Ruck, und der Wagen krachte zusammen. Ein Rad war gebrochen. Oben stand die Rita am Fenster und hielt sich die Hand vor den Mund. Ich wußte aber, daß sie lachte.

Meine Schwester Elisabeth wollte immer schon 'in die große Stadt', nach Freiburg. Über das Arbeitsamt fand sie schließlich eine Stelle als Hausgehilfin bei einer 'vornehmen Familie'. Das wird was Rechts sein, bemerkte Tante Alma. Sie fand alle Stadtleute 'hoferig', hochnäsig. Daß Elisabeth freiwillig 'zu denne' wollte, war ihr unverständlich.

Vater und ich begleiteten Elisabeth. Der Vater hatte in Freiburg einen Termin im Krankenhaus wegen seiner Magenschmerzen. Dr. Weiss, unser Arzt, hatte ihm die Untersuchung dringend angeraten. Ich brachte Elisabeth zum Haus der Familie Neumann, einem Ingenieur, und wurde mit hereingebeten. So eine Art von Wohnzimmer war mir neu. Hohe Fenster, feine polierte Möbel und an der Zimmerdecke Ornamente aus Gips. Auf dem Fußboden große Teppiche. Ich fühlte mich in dieser Umgebung nicht besonders wohl. Die Leute waren aber nett.

Herr Neumann war ein schlanker großer Mann in Knickerbockern. Er fragte mich, wie groß unser Hof ist, ob wir Wald haben, wieviel Vieh — es kam mir vor, als würde ihn das wirklich interessieren. Dann bot er mir eine Zigarette an, die merkwürdig kurz und flach war, eine orientalische. Später kam sein Sohn herein und gab mir die Hand. Er ging zum Tennisspielen. Er selber, sagte Herr Neumann, betreibe auch Sport. Er sei Läufer.

Am Nachmittag schaute ich mir noch das Münster an. In der Kirche war es kühl und es fiel nur wenig Licht durch die bunten Glasfenster. Der Raum kam mir riesig vor. Das Innere gefiel mir sehr, aber ich fühlte mich auch ein wenig verloren. Es fiel mir schwer zu beten.

Der Vater war untersucht worden. Die Ärzte sagten, er habe ein Magengeschwür und das beste sei, sich operieren zu lassen. Unters Messer soll ich, sagte er finster.

Im Dorf machte die Geschichte vom Stumpen-Kunle die Runde. Er war wirklich mit dem Engländer-Herrle beim Sympathiedoktor in Zell gewesen. Und nun saß der Kunle im 'Löwen' und führte das Wunder vor. Jeder konnte sehen, daß sein Halsgeschwür kleiner geworden war. Weg! sagte der Stumpen-Kunle und zeigte auf seinen Hals. Die Leute standen um ihn herum und staunten ihn an wie die Frau ohne Unterleib. Auch die verbrannte Hand des Uhrmachers war besser, er trug schon lange keinen Verband mehr.

Bei uns war der Schermuser-Seppli auf dem Hof, und er wußte auch gleich das Geheimnis des Sympathiedoktors zu erklären. Es liege am Bergspiegel, den der Heiler besitze, sagte er und hob den Zeigefinger. Der Bergspiegel sei der Talisman des Sympathiedoktors. Der Spiegel wird an einem Kreuzweg bei Vollmond vergraben, und dann müssen drei gesegnete Menschen den eingegrabenen Spiegel überqueren: drei getaufte Kinder, drei gesegnete Brautpaare und drei mit dem Sterbesakrament versehene Tote. So wird aus einem gewöhnlichen Bleispiegel ein Zauberspiegel.

Warum Zauberspiegel? wollte Tante Alma wissen. Er kann mit dem Bergspiegel nicht nur Krankheiten heilen, sagte der Schermuser, er kann auch sehen, wo gestohlene oder verlorene Sachen hingekommen sind. Schermuser, was du uns wieder erzählst! rief meine Mutter. Für sie waren diese Geschichten heidnischer Aberglaube. Faller-Bäuerin, wenn ichs Euch sage! rief der Schermuser und streckte seinen Zeigefinger in die Höh. Und weiter, fuhr der Schermuser fort, kann er mit dem Bergspiegel auch Krankheiten beim Vieh heilen über alle Entfernung hinweg. Ich kenne Leute, die konnten nicht selber zu ihm hin, die schickten einen Boten. Der hatte von ihnen ein Kleidungsstück oder eine Haarlocke oder ebbis ähnlichs dabei. Und auch dene hat er helfen können! Und hat der Doktor nicht von einem reichen Patienten, den er heilen konnte, ein Automobil geschenkt bekommen?

Zwei unserer Waldarbeiter.

Das muß man sagen: Kunles Geschwür schrumpfte tatsächlich, bis nur noch eine knorpelige Narbe zu sehen war.

So oft es ging, trieb ich mich damals auf der Mühle herum. Das Klappern des Mühlrads und das Rumpeln der Steine beim Mahlen wurden etwas Vertrautes für mich. Arbeit gab es genug. Ich war aber auch gern mit Georg zusammen, ich brauchte manchmal seine Ruhe und seine bedächtige Art.

Der Vater war in letzter Zeit oft gereizt – später wußten wir, daß das mit seiner Magengeschichte zusammenhing. Den 'schwarzen Peter' hat er seinerzeit schalten und walten lassen, und er ist gut damit gefahren. Am Otto, dem neuen Oberknecht, nörgelte er dauernd herum. Ohne Grund, wie ich meine, denn der machte seine Arbeit gut.

Dann gab es wieder Tage, da war er guter Dinge, und aller Mißmut war wie weggeblasen. So kam er eines Tages aus dem 'Löwen' mit einem Spielzeug zurück. Es war die fein gearbeitete Miniaturausgabe eines Langholzwagens, die er einem Kranitzer, einem fahrenden Händler, für eine Mark abgekauft hatte. Er hatte eine kindliche Freude an diesem Fuhrwerk, und ich überlegte sofort, ob ich sowas nicht auch hätte schnitzen können.

1928 oder 1929 war's, als ich die erste Langholzfuhre begleitete. Es war aufregend und gefährlich. Heute kann man sich das nur noch schwer vorstellen, diese Langholzfuhren im Winter! Es durfte nicht zu wenig und nicht zu viel Schnee liegen. Das Holz wurde mit dem Bauholzschlitten an die Bahn gefahren. Die erste Fuhre war nur Langholz, stolze acht Meter. Vater hatte das Bauholz günstig nach Freiburg verkauft.

Gefahren wurde mit Pferden, vierspännig. Das Aufladen, das Anschirren, alles wurde sehr sorgfältig gemacht. Das Wetter war ideal – kalt und sonnig. Unsere vier Pferde waren eingespannt, vorn links

*Eine unserer Langholzfuhren
Ende der zwanziger Jahre.*

der Manni, das stärkste und klügste Roß, das wir je besaßen. Der Vater war hinten an der Geiz, ich lief beim Eisenschuh, den Bremsen, und Georg führte vorn den Manni. An manchen Stellen war der Weg verteufelt schmal, und ich dachte, wie soll das gehen mit den langen Stämmen? Dann wieder glitt der schwere Schlitten so leicht durch den Schnee, als hätten wir Körbe geladen.

Es war ein tolles Gefühl! Und es war ein Naturerlebnis: die gleißende Sonne auf dem Schnee, der tiefverschneite Wald, der zugefrorene Bach. Vor uns die Pferde, deren Atem als Dampfwolke in den blauen Himmel stieg.

Später erzählte der Vater, wie in seiner Jugend einmal ein Schlitten mit einer Fuhre umgekippt war und dem Knecht beide Beine abgequetscht hatte. Auf dem Rückweg sprachen wir ein Dankgebet vorm 'Blitz-Stöckle'. Dieser Bildstock stand da, wo im vorigen Jahrhundert eine Bäckerin vom Blitz erschlagen worden war. Sie war unterwegs gewesen mit Brot fürs Richtfest, als das Unwetter sie überraschte. 'Drum Wanderer, bet ein Vaterunser. Und bedenke, wie jäh auch dein Ende hereinbrechen kann', stand auf dem Stein.

Immer wieder hieß es, was macht die Hilde, hat sie geschrieben? Sie schrieb, und zweimal kam sie im ersten Jahr zu Besuch. Es dauerte eine gewisse Zeit, bis ich hinter der Novizin die altvertraute Schwester wiederfand, die im Stall die Kühe gemolken hatte. Hilde saß in der Stube mit roten Backen, als sei sie vom Kloster hierher zu Fuß gelaufen. Das erste Jahr der Probe hatte sie hinter sich.
Es gefällt mir, ich werde bleiben, sagte sie. Erst im zweiten Jahr beginnt das Noviziat, das erste Jahr heißt Postulat. Das Noviziat dauert zwei Jahre. Ich werde eine Ausbildung als Krankenschwester anfangen, und außerdem werde ich eingekleidet und bekomme einen neuen Namen. Zur Einkleidung müßt ihr unbedingt kommen, ja? – Und wie heißt du dann? wollte Erwin wissen. Das erfahre ich erst, wenn ich den Schleier bekomme. – Ja mußt du denn einen Schleier tragen? fragte ich. Nonnen mit Schleiern hatte ich noch nie gesehen. Nein, lachte Hilde, das nennt man nur so, wenn man die Ordenstracht anlegt.
Zwei Monate später fuhren die Eltern, festlich gekleidet wie zu ihrer eigenen Hochzeit, zur Einkleidung nach Gengenbach. Von dieser Feier haben sie noch lange erzählt. Mutter bekam stets Tränen in die Augen, wenn sie schilderte, was für eine schöne 'Braut Christi' die Hilde gewesen sei. Aber Hilde gab es nun nicht mehr. Ihr Mädchenname war Vergangenheit. Sie hieß jetzt Schwester Gertrudis.

Die einen gehen, die anderen kommen. Tante Irmela zog nämlich auf den Hof. Denn inzwischen war die Oma Schanz gestorben, bei der Irmela zuletzt im Leibgeding gewohnt hatte. Sie war also allein. Und so lud unsere Mutter sie ein, bei uns auf dem Hof zu wohnen. Unser Vater war dagegen. Nicht, weil er etwas gegen seine Schwägerin hatte. Ihm kamen nur Zweifel, ob das Ganze gut tat. Georg hatte ihre Sachen mit dem Fuhrwerk geholt. Tante Irmela kletterte vom Kutschbock, in der einen Hand die Handtasche, in der anderen den Vogelkäfig. Sie besaß nämlich einen Kanarienvogel, den sie hütete wie ihren Augapfel. Da stand sie nun in unserem Hof, hinter sich den vollbepackten Wagen, und schaute sich um. Vater und Mutter kamen, sie hatten den Wagen einfahren hören. Und nun passierte etwas Seltsames. Auch Herko kam. Er war nie angekettet, streifte herum, und wenn jemand das Gehöft betrat, war er als Wächter zur Stelle. Und er konnte ein böser Wächter sein, auch wenn er noch niemand gebissen hatte. Aber ein fremdes Tier, auch wenn es nur ein kleiner Vogel war, ärgerte ihn immer. Herko

Tante Irmela.
Vorn ihr Mann, der Dörle-Adam.

kam, und statt nun den Besuch zumindest kritisch zu beäugen oder gar den auf-geregt flatternden Kanari anzubellen, sprang er schwanzwedelnd um Irmela her-um. Die redete mit ihm wie mit einem alten Freund. Er ließ sich von ihr streicheln und würdigte den Vogel keines Blickes. Herko war ein mißtrauischer Hund, der sich sonst mit niemand schnell anfreundete.

Als wir nach dem Abladen in die Stube gingen, um etwas zu trinken, kam Tante Alma aus dem Stall, und Vater rief sie: Alma, komm, was trinke! Ich habs scho gsehe, antwortete Tante Alma mit einem Blick auf die Fuhre, mir henn jetzt jemand miteme Vogel! Und lief mit starrem Blick weiter.

Alle drei, vier Wochen bekam ich von Vater Taschengeld. Fünf Mark. Das war nicht viel. (Auch wenn fünf Mark damals mehr wert waren als heute.) Dazu hielt er eine kleine Ansprache, von wegen sparsam damit umgehen, keinen Trödel kaufen, was auf die Seite legen, usf.

Etwas Geld brauchte ich. Ab und zu mußte ich mir ja mal die Haare schneiden lassen. Das war ein Grund, ins Städtchen zu gehen. Der Laden vom Friseur Hahn hatte was Heimeliges. (Ich erinnere mich: damals hingen über den Türen der Fri-seurgeschäfte noch silberne Scheiben.) Friseur Hahn war ein langer, dürrer Mensch mit einem schnurgerade gezogenen Scheitel. Man konnte in seinem Laden alles mögliche kaufen: Kämme, Schnürsenkel, Kragenknöpfe, Seife. Am Haken an der Wand hingen die Holzleisten mit den Tageszeitungen.

Ich las nie Zeitung, ich hörte lieber den Gesprächen zu. Der Geselle rasierte einen älteren Mann mit Schnauzbart, den Schlossermeister Dilger, wie sich rausstellte, Erwins Lehrherrn. Herr Hahn verhandelte mit einem Vertreter, der verschiedene Rauchwaren auf dem Ladentisch ausgebreitet hatte. Der Vertreter legte Schachteln mit Zigarren vor, und Herr Hahn suchte sich einzelne aus. Immer, wenn der Fri-seur ein paar Zigarren auf die Seite gelegt hatte, lobte sie der Vertreter in höchsten Tönen und steckte sie in kleine Zellophantütchen.

Es wurde auch politisiert, das interessierte mich. Seit kurzem gab es einen neuen Kanzler, Brüning hieß er. Friseur Hahn war für ihn. Schlossermeister Dilger hielt nichts von ihm. Der Vertreter sagte gar nichts. Dann kam man auf Tauben und Vögel, und es stellte sich heraus, daß der Zigarrenmensch ein Vogelkenner war. Er behauptete, die verschiedenen Vogelstimmen nachmachen zu können. Das wollen wir aber hören, dröhnte der Schlossermeister mit Schaum im Gesicht.

Es war wirklich komisch: der kleine Vertreter mit dem hohen steifen Kragen stand mitten im Laden, die Hände vorgestreckt, spitzte den Mund und trillerte, fiepte und zwitscherte. Dabei machte er kleine Schritte vor und zurück und sah selbst ein bißchen wie ein Vogel aus. Wir lachten und klatschten Beifall.

Der Vertreter packte seine Ware zusammen und verabschiedete sich. Auf Wieder-sehn, Herr Goldschmidt, sagte Friseur Hahn und begleitete ihn an die Tür. Jud bleibt Jud, meinte Schlossermeister Dilger, da nützt alles Trillern nix.

An einem dieser Sommerabende war es, daß Vater seinen ersten großen Anfall hatte. Wir saßen abends in der Stube, und ich schnitzte. Ich wollte unbedingt ein Reh hinkriegen. Aber es war verdammt schwer. Ich konnte zwar inzwischen mit dem Schnitzeisen gut umgehen, aber den Körper des Tieres im Holz zu finden wollte und wollte mir nicht gelingen. Vor einiger Zeit hatte ich ein Phantasieornament geschnitzt, das mir gut gelungen war und das Karolin sehr bewunderte. Ja Bu! rief sie aus. Tante Alma warf einen Blick auf das Holz und meinte: Und für was soll das gut sein?

Der Vater hatte an diesem Abend ein Gläschen Kirsch getrunken – kurz darauf gab er einen seltsamen Laut von sich, es war fast ein Schrei. Er krümmte sich zusammen und rutschte von der Bank. Er war kalkweiß im Gesicht und preßte die Hände auf den Bauch. Wir alle waren sehr erschrocken. Wir wußten nicht, was wir machen sollten. Karolin eilte in die Küche, um einen ihrer Tees zu kochen, die sonst immer Wunder wirkten. An diesem Abend lag der Vater mit Schweiß auf der Stirn auf der Kunscht, und alle Tees halfen nichts. Es war nicht möglich, ihn hoch ins Schlafzimmer zu schaffen.

Nur langsam klang der Anfall ab. Das ist die Aufregung, die schlägt sich auf den Magen, verkündete Tante Alma. Am Nachmittag war ein Brief von Frieder gekommen, in dem er mitteilte, daß er Vater einer Tochter geworden sei, der kleinen Klara. Verheiratet sei er nicht. Da er als Zimmermann keine Arbeit finde, schaffe er zur Zeit in einer keramischen Fabrik. Vater hatte den Brief zerknüllt und in die Ecke geworfen. Soweit sin mer jetzt! hatte er hervorgestoßen.

Am nächsten Tag kam der Arzt und sagte, der Vater müsse ins Krankenhaus. Aber da war der Anfall vorüber und Vater meinte, es gehe ihm besser.

Ich habe gestern mit Eva in Südamerika telefoniert, und das Gespräch hat mich aufgeregt. Wie frech sie war! Sie kommt vorläufig nicht zurück, bleibt bei ihrem Vater. Der Schwarzwald ist ihr zu 'spießig'. Ihr Vater hat sich jahrelang nicht um sie gekümmert, jetzt spielt er den großen Herrn. Eva ist ein Backfisch, das alles beeindruckt sie sehr. Kati ist verzweifelt. Sie denkt, daß sie jetzt ihre Tochter verloren hat. Venezuela ist weit. Aber so schnell geben die Fallers nicht auf!

Wenn so viel am Tag passiert, fällt mir das Hinsitzen und Schreiben schwer. Ich muß dann erst wieder meine Gedanken ordnen. Mich ärgert, daß der Eva die Familie so wenig bedeutet. Sie will Spaß haben, hat sie gesagt, was erleben. Ich versteh das schon. Aber muß man deswegen von der Familie fort? Als ich so jung war wie sie, haben wir doch auch unseren Spaß gehabt und was erlebt!

Die jungen Burschen und Mädchen trafen sich an den Samstag- oder Sonntagabenden abwechselnd auf dem einen oder anderen Hof. 'z Liecht goh' hieß das, und die Besucher nannte man 'Lichtgänger'. Elisabeth besuchte ihre Freundinnen, und ich begleitete sie. Manchmal war auch Georg dabei. Wir hockten in der Stube und spielten Karten. Die Mädchen saßen auf der Bank vor dem Haus und sangen, eine spielte Zieha. Ab und zu stand einer von uns auf und ging hinaus, und wir anderen spitzten die Ohren. Hörte der Gesang nach einer Weile auf und nahm das Gelächter zu, gingen wir nach und nach alle hinaus. Zwei Mutige fingen dann an zu tanzen, übten eine Polka oder eine Mazurka.

Ich begann mir die Mädchen anzuschauen. Am Anfang noch verstohlen. Ich bemerkte, daß mich auch die eine oder andere von den Bauerntöchtern anders ansah als früher. Plötzlich kam ich mir recht großartig vor. 'Hoferig' sagt man bei uns. Ich war achtzehn und bildete mir weiß Gott was ein, ich war der 'reiche Bauernsohn'. Ich begann, das Gesinde herumzukommandieren.

Die Großmutter an ihrem 75. Geburtstag. Am Bildrand der kleine Konrad.

Besonders ein Ereignis ist mir im Gedächtnis. Noch heute schäme ich mich, wenn ich daran denke. Wir hatten eine Magd, die Amrei, die arbeitsam, aber etwas einfältig war. Ich hielt sie für dumm und kam mir recht überlegen vor. Amrei war auch für die Schweinefütterung zuständig. Bloß um sie zu ärgern und um zu sehen, was sie macht, schob ich den Riegel vom Saugatter zurück. Das erste Schwein spazierte raus, dann noch eins und noch eins.

Es dauerte eine Weile, bis Amrei merkte, daß ihr ganzes Schweinevolk im Hof herumspazierte. Sie war sehr aufgeregt und trieb alle Säu, bis auf eine, in den Pferch zurück. Eine Sau aber galoppierte davon, Richtung Wald. Die Amrei schreiend hinterher. Ich amüsierte mich königlich, wie ich Sau und Magd über die Wiesen rennen sah. Mein Vater kam und fragte, was los ist. Ich sagte, die Amrei hat vergessen, das Gatter zu schließen, eine Sau ist ihr naus, und die jagt sie jetzt. Ich fand das sehr komisch.

Im Spätjahr starb die Großmutter. Eines Abends ging sie still und ohne Aufhebens. Zum Großvater hatte sie gesagt, ihr sei schlecht. Er ging in die Küche, um ihr ein Glas Wasser zu holen. Als er mit dem Glas in der Hand in die Stube zurückkam, war sie tot.

Die Mannsleut hielten Totenwache. Die Großmutter war im Leibgeding aufgebahrt mit dem Rosenkranz in den Händen. Es war dunkel im Raum, nur die Sterbekerzen brannten. Am Abend stand ich lange mit den anderen und betrachtete ihr friedliches Gesicht.

Uns war immer eingeschärft worden, nicht zu heulen. Weinen galt als Schwäche. Ich hatte mir fest vorgenommen, nicht zu weinen. Wenn ich die Augen schloß, sah ich ihre gebückte Gestalt im Garten. Ich sah, wie sie die Ruebli kleinschnitt zum Einlegen ins Tongefäß. Ich sah sie das Stroh flechten für die Finken, die Strohschuhe. Ich sah sie beim 'Karten' der Schafswolle. Ich sah ihre Schürze am Haken neben dem Küchenschrank. Irgendwann merkte ich, daß mir die Tränen übers

Gesicht liefen. Der Großvater stand in seinem schwarzen Anzug neben mir. Er faßte mich an den Schultern und drückte mich an sich.

Es heißt, die Jugend vergißt schnell. Und ich muß sagen, bei mir war es so. Es zählte der Tag. Ich spielte inzwischen leidenschaftlich gern Zego. Unsere Runde traf sich jeden Samstagabend im 'Löwen'. Es waren Bauernsöhne und zwei oder drei Oberknechte, auch Leute aus dem Ort. Im 'Löwen' gab es eine neue Kellnerin, Kathrin hieß sie. Sie war um die dreißig, und man sagte, sie habe bei einem Bauern ihr uneheliches Kind untergebracht. Wenn sie von unserem Tisch zum Tresen zurückging, schauten ihr alle nach.

Auch unser neuer Oberknecht, der Otto, ging mit zum Zegospielen. Der 'schwarze Peter' war gegangen, und ich weinte ihm keine Träne nach. Ich war mit dem Mann nie zurechtgekommen. Der Otto war ein ganz andrer Mensch. Er war umgänglich, freundlich zu den Leuten und ein guter Schaffer. Und vom Zegospielen verstand er was.

Zur Runde gehörte auch der Paul Pfaff, der Sohn vom Sandelhof. Paul führte das große Wort. Heute würde ich sagen, er war ein Sprücheklopfer. Damals imponierte mir das. Er wurde sogar ein bißchen ein Vorbild für mich, wie er so dastand, die Daumen im Hosenbund und das Kinn vorgeschoben.

Auch beim Politisieren gab er den Ton an. Von allem wußte er was, und wie er es sah, so war es richtig. Wer anderer Meinung war, 'verstand nichts davon'. Das war sein häufigster Satz: Was verstehsch du denn schon davon? Da er Hoferbe war, trauten sich die Knechte nicht, ihm zu widersprechen. Wer weiß, vielleicht würden sie mal bei ihm auf dem Hof arbeiten?

Nur der Benneter-Toni, der Rosser vom Schanzenhof, hielt manchmal dagegen. Der Benneter war Oberknecht, und jeder wußte, daß er darauf spekulierte, daß ihn die Bäurin heiratete. Der Schanzenbauer war vor einem dreiviertel Jahr von einem Baum erschlagen worden, und die Witwe stand allein da mit zwei Kindern.

Der Toni fühlte sich schon ganz als Schanzenbauer, und das ärgerte den Pfaff. Ich selber hatte eigentlich nicht viel mit dem Benneter zu schaffen. Aber ich wollte mich halt hervortun. Ich war der jüngste in der Runde und meinte, in allem mithalten zu müssen. Auch im Maulaufreißen. Es ging wieder mal um was Politisches. Der Benneter hat schon damals aus seiner Sympathie für den Hitler kein Hehl gemacht. Später wurde auch der Pfaff-Paule ein großer Nazi, aber damals am Wirtshaustisch stand das noch nicht fest.

Ich weiß nicht mehr, um was es ging. Es kann nichts Wichtiges gewesen sein. Nur konnte eben der Paul nicht verbutzen, daß ihm einer Kontra gab. Der Benneter widersprach ihm aber. Also blaffte der Paul zum Benneter wieder sein: Was verstehsch du denn schon davon? Wenn man nichts versteht, soll man's Maul halten. Und dann kam ich und setzte noch eins drauf, einfach, um den Paul zu gefallen. Und wenn man nichts hat, hat man auch nichts zum sagen! rief ich. Ich seh noch den Blick, den mir der Benneter zuwarf. Da hatte ich mir keinen Freund geschaffen, soviel stand fest.

Zur Zeit schnitze ich an der Göttinnen-Figur für das Faller-Theaterstück, in dem Karl mitspielt. Da haben sie mich wieder rumgekriegt. Eigentlich wollte ich eine so große Arbeit nicht mehr machen. Aber dann hat es mich doch gereizt. Diese Arbeit ist natürlich eine ungeheure Herausforderung für mich.
Ich komme darauf, weil es in Karolins Kammer ein Bild von einer Faller-Figur gab, eine Rosenkranzkönigin. Ich erinnere mich genau. Ich hab ihre Kammer nur selten betreten. Es roch nach Kräutern, Blumen und Pflanzen. In der Ecke hingen getrocknete Kränze und Getreidebüschel, und in verschiedenen Dosen und Schachteln waren Wurzeln, Beeren und Tees aufbewahrt. Und neben dem Kruzifix hing eben jenes Bild der Maria aus St.Märgen.
Die Karolin war auf dem Hof, solange ich denken konnte. Jetzt war sie alt und wurde immer gebrechlicher. Die gewohnten Arbeiten fielen ihr schwer. Ganz gebeugt ging sie, mit langsamen, schlurfenden Schritten. Seit kurzem hatten wir eine Magd, Maria, die mehr und mehr Karolins Arbeit übernehmen sollte. Die beiden verstanden sich gut. Maria fühlte sich zu der alten Magd hingezogen, und Karolin mochte das junge Ding wohl auch. Die beiden waren unzertrennlich.

Der Sohn vom Zimmermann-Bauer, der uns einmal bei der Heiwet geholfen hat.

Eines Tages stürzte die Karolin – Oberschenkelhalsbruch. Wir brachten sie ins Krankenhaus. Die Ärzte machten bedenkliche Gesichter. Verwandte hatte die Karolin keine mehr, ihr Bruder war vor zwei Jahren gestorben, und dessen Kinder hatten sich bei ihrer Tante nie blicken lassen. Keiner wußte, wo sie lebten. Der Arzt hatte den Kopf geschüttelt, als Georg ihn fragte, wie es mit ihr steht. 'Nicht gut.' Maria besuchte sie fast täglich, aus der Familie ging unter der Woche einmal jemand von uns hin. Als ich vom Krankenhaus zurückkam, lief auf dem Weg vor mir ein Mann. Es war mein Bruder Erwin. Wir wußten, daß er wieder heimkam. Seine Lehre war zu Ende und es gab keine Arbeit mehr. Er war arbeitslos.

Den Bauern ging es schlecht. Der neue Reichskanzler Brüning hatte sogar von einer 'Agrarkatastrophe' gesprochen. Es wurden die Lebensmittelpreise gesenkt und die Löhne. Die Preise für landwirtschaftliche Erzeugnisse gingen nach unten. Der Viehjude vom Kaiserstuhl, der in Abständen zu uns kam, wollte nur noch halb so viel fürs Jungvieh zahlen wie vor einem halben Jahr. Vater regte sich auf, aber der Mann sagte, die Preise fürs Schlachtvieh gingen immer weiter in den Keller.

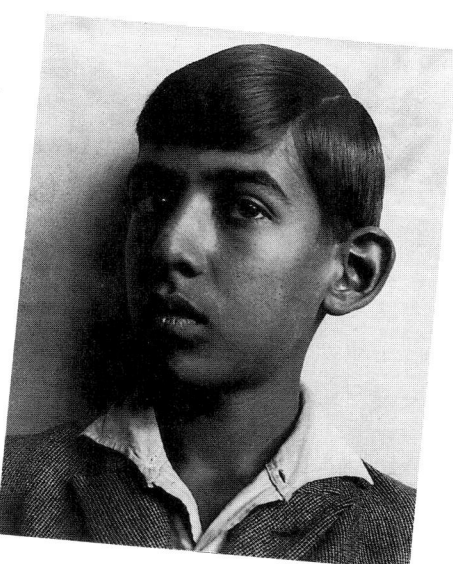

Das erste 'richtige' Porträtfoto, das der Fotograf Scherzinger von mir machte.

Woher die Maria eigentlich gekommen ist, weiß ich nicht mehr. Das Gesinde wurde am 'Bündelestag' eingestellt, meist an Maria Lichtmeß, also Anfang Februar oder an Georgi, das ist Ende April. Wir brauchten dringend eine neue Magd, weil auch Elisabeth als Arbeitskraft fehlte.
Auch wann genau Maria kam, weiß ich nicht mehr. Ich weiß nur, daß sie Mutters Prüfung bestanden haben muß. Die legte nämlich vor jedem Vorstellungsgespräch einen Besen vor die Tür auf den Boden. Hob ihn die Magd beim Eintritt ins Haus auf, wurde sie genommen.
Irgendwann saß also die 'Neue' am Gesindetisch – ein junges Mädchen (Maidli sagt man bei uns) mit roten Backen und festen Oberarmen. Daß sie zupacken konnte, sah man. Auch sonst gefiel sie mir. Ich stellte mir vor, einmal mit ihr zu tanzen. Das hatte ich nämlich inzwischen gelernt. Denn an Kilwi wollte ich nicht wieder den anderen dabei nur zusehen.

In diesem Jahr war die Frucht gut einzubringen. Kilwi wurde ein großes Fest, wir feierten drei Tage. Es wurde aufgefahren, was da war. Da wurde nicht gespart. Da wurde zugelangt, und jeder konnte essen und trinken, soviel er wollte. Man arbeitete auch nur das allernötigste an diesen Tagen.
Samstagnachmittag bereiteten Georg, Erwin und ich das Kilwifeuer vor. Wir holten Knüppelholz und Reisig und schichteten einen nicht zu großen Stoß. Es war genau geregelt, wer am Abend anzünden darf, wer als erster ums Feuer rennt usw. Vorher war das Kilwisingen. Ich mußte an Karolin denken, für die es seit vielen Jahren die erste Kilwi war, an der sie nicht teilnehmen konnte.
Als wir dann ums Feuer rannten, schaute ich immer wieder nach Maria. Ich merk-

te, daß auch Erwin fleißig zu ihr hinsah, und das paßte mir überhaupt nicht. Ihr Gesicht war rot vom Feuerschein, es schien zu glühen. Mir gefiel, wie sie lachte. Sie warf dann auf eine bestimmte Art den Kopf zurück.

Kilwisonntag war das große Schmausen. Alle, die im Laufe des Jahres auf dem Hof geholfen hatten, waren eingeladen. Jedes Jahr wurde an Kilwi ein Hammel geschlachtet, das war Tradition. Auch die Speisefolge war festgelegt. Angefangen wurde mit Nudelsuppe und eingemachtem Kalbfleisch. Es folgte Rindfleisch mit Schinken. Dazu Beilagen, darunter Preiselbeeren, die ich für mein Leben gern aß. Als Hauptgericht kam der Hammelbraten mit Apfelmus und Kartoffeln. Das Ganze klang aus mit Kilwiküchle und süßem Most. An diesen Tagen war das Essen die Arbeit, der aber jeder begeistert nachging – bis er sich nicht mehr rühren konnte.

Erst nachdem die Mägde unentwegt Schüsseln, Platten, Teller und Töpfe geschleppt hatten, kamen sie selbst zum Essen. Die Sitzordnung begann sich schon bald aufzulösen, niemand schaute, wer bei wem hockte. Irgendwann saß ich neben Maria. Ich und nicht der Erwin, der herumstrich und Stielaugen machte. Maria und ich verstanden uns auf Anhieb.

Später war Kilwitanz auf der Tenne. Alle tanzten, sogar der Engelbert, der taubstumme Bruder von Franz, der beim Kartoffelernten geholfen hatte. Jemand spielte Zieha und wir drehten uns, sprangen und hopsten, daß die Bodenbretter krachten. Ich wurde in Marias Nähe richtig übermütig. Wenn ich zu Erwin hinsah, verzog er den Mund. Georg tanzte mit unserer Obermagd, der Luise, die ihren mächtigen Busen an ihn hindrückte.

Jeder war ein bißchen betrunken, aber nicht sehr, denn gleichzeitig hatte jeder Unmengen von Fleisch und Küechli gegessen. Am Abend kühlte es ab, aber das Tanzen brachte alle ins Schwitzen. Jeder war guter Dinge, jeder freute sich, man dachte einmal nicht an morgen.

Ich weiß, es war eine klare Nacht, und ich war zum ersten Mal in meinem Leben mit einem Mädchen zusammen, und wir schauten uns die Sterne an. Wir hielten uns nicht einmal an der Hand, auf die Idee kam ich gar nicht. Maria hat mir später erzählt, daß sie an diesem Abend sehr aufgeregt war und sich sehr geschmeichelt gefühlt hat. Sie hatte aber auch Angst, was Unrechtes zu tun. Aber ich gefiel ihr, und unser Zusammensein schien niemand zu stören.

Der Vater war in guter Stimmung wie schon lange nicht mehr. Mutter war still wie immer, aber sie zeigte ein frohes Gesicht. Tante Irmela schwankte. Der Most hatte ihr schwer zugesetzt. Herko kam immer wieder und schaute nach ihr. Tante Alma hatte mit Otto, unserem Rosser, einen Ländler getanzt, was uns alle wunderte. Es war eine Kilwi, an die wir alle noch lange dachten.

An den Frauen hing viel Arbeit. Das war damals so und ist heute noch so. Ich muß jedesmal daran denken, wenn ich sehe, was Johanna alles zu bewältigen hat. Uns Männern ist das damals nicht bewußt gewesen. Es war einfach selbstverständlich, daß Frauen im Stall und auf dem Feld hundertprozentig mit anpackten. Außerdem noch kochten, die Wäsche wuschen, Kinder bekamen, sie versorgten, die Wohnung putzten, nähten, buken und und und. Ich glaube nicht, daß unser Vater über so etwas nachdachte. Von uns Jungen will ich gar nicht erst reden. Aber als Hausherr achtete Vater darauf, daß genügend Arbeitskräfte auf dem Hof waren.

Arbeit gab es genug. So war ihm Tante Irmela als Mithelferin auf dem Hof durchaus willkommen. Freilich war die Tante eine kleine, zarte Person und von Feld- und Stallarbeit hatte sie keine Ahnung. Aber sie verstand zu kochen, zu backen, 'Mues' zu machen, Wolle zu spinnen, und sie kümmerte sich um die Enten, die wir damals gerade hatten. Vor allem ihre Apfel- und Heidelbeerkuchen wurden von uns allen hochgelobt – mit Ausnahme natürlich von Tante Alma, die immer etwas daran aussetzen mußte.

Bei der Heiwet. Die beiden linken Frauen sind Maria und Karolin.

Das Verhältnis zwischen den beiden war von Anfang an gespannt. Beide waren bissig und rechthaberisch.

Tante Alma war groß und massig, Tante Irmela klein und zierlich. Schwierig wurde es, wenn sie zusammen arbeiten mußten. Das kam nicht oft vor, aber manchmal ließ es sich nicht vermeiden.

Das erste Mal endete es in einer kleinen Katastrophe. Sie wuschen zusammen mit der Zumagd die große Wäsche. Das wurde bei uns alle drei Wochen auf der 'Bruck', dem Brunnengang, erledigt. Da gab es den großen Waschkessel, Waschzuber, Eimer, Waschbrett, Körbe, Wäschepflock usw. Am Waschtag roch die Bruck nach Seifenwasser und war voller Dampf. Irmela und Alma wirtschafteten zusammen, Mutter war nicht dabei, warum weiß ich nicht.

Aus irgendeinem Grund war Tante Irmelas Kanari, der Hansele, aus seinem Käfig entwischt, vielleicht hatte sie das Türchen nicht richtig geschlossen. Dieser Vogel war, wie gesagt, Tante Irmelas Augapfel. Sie sprach mit ihm wie mit einem Kind. Hansele schwirrte also aus dem Käfig. Da die Tür ihrer Kammer einen Spalt auf war, flog er hinunter in den Gang und verirrte sich schließlich in die Waschküche. Tante Irmela stieß einen Schrei aus, als plötzlich der Vogel auftauchte. Er flatterte in der dampfigen Waschküche von einer Ecke in die andere. Das Fenster und die Tür waren natürlich geöffnet. Und draußen strichen unsere vier Katzen herum. Hansele! schrie Tante Irmela, als der Vogel zum Flug Richtung Fenster ansetzte. Tante Alma erkannte die Gefahr und handelte schnell und entschlossen. Sie wollte den Flug des Kanari nach draußen verhindern. Sie warf also das heiße Wäschestück nach ihm, das sie gerade in der Hand hielt.

Es war ein kräftiger Wurf, und er traf. Wäschestück und Vogel klatschten zuerst an die Wand und dann zu Boden. Tante Irmela stürzte zu dem Getroffenen hin, aber es war zu spät. Hansele hatte Geschoß und Sturz nicht überlebt. Später haben Erwin und ich, als wir allein waren, gelacht, bis uns die Seiten weh taten. Das war gemein. Aber wir konnten nicht anders. Wenn einer zu lachen aufhörte, sagte der andere nur: Tod durch nasse Lumpe!

Jedes Jahr war der Frühling das große Aufatmen. In die Gärten kamen die frischen Farben der Blumen, und Föhnwinde und brachten den letzten Schnee zum Schmelzen. Alles fühlte sich leichter an. In der Luft war dieser Geruch, den es nur im Frühling gibt. Ich mochte den Frühling immer am liebsten, auch wenn in diesen Monaten das schwere Arbeiten auf den Feldern wieder begann.
Die Zeiten waren aber schlecht damals. Sehr schlecht. Man kann sich das heute gar nicht mehr vorstellen. In Deutschland gab es Millionen von Arbeitslosen, viele hungerten. Nirgendwo war ein Hoffnungsschimmer zu sehen. Die Stimmung war: so kann es nicht weitergehen. Alle redeten über Politik. Sogar in der Früh beim Melken wurde politisiert. Auch die Frauen interessierten sich jetzt für Politik. Jetzt kann nur noch der Hitler helfen, hieß es. Onkel Bertram nannte Hitler einen 'Rattenfänger', aber mit dieser Meinung stand er bei uns allein. Viele hielten den Hitler für 'gottlos', aber was er über uns Bauern sagte und was er versprach, das gefiel ihnen.
Auch in der Familie wurde politisiert. Vater und Großvater lagen in ihren Ansichten nicht weit auseinander. Hitzig wurde es, wenn Onkel Ludwig oder Onkel Bertram dabei waren. Bertram war für die Kommunisten, Ludwig für die SPD. Wenn man die Kommunisten an die Regierung ließe, sagte der Großvater, wäre es ganz aus. Ich selber stand an Vaters Seite, der Zentrum wählte, aber den Brüning nicht mochte, weil er 'das Land zu Tode spart'.

Dem Simon-Bauer aus dem Nachbartal, der manchmal bei uns hatte mahlen lassen, wurde der Hof gepfändet. Er war hoch verschuldet gewesen, hatte spekuliert – wie das so ist – und verloren. Jetzt, hieß es, 'hat der Jud die Hand drauf', ein Geldverleiher aus Kenzingen, der ihm Kredit gegeben hatte. Solche Geschichten waren jetzt immer öfter zu hören.
Der Thomas, der Sohn unseres Nachbarn Sieber, wanderte nach Amerika aus. Thomas war nur ein Jahr älter als ich, und wir hatten denselben Schulweg. Jetzt ging er fort. Das beschäftigte mich lange. Ich sah Thomas, wie ihn sein Bruder mit der Chaise zur Bahn brachte. Er winkte mir mit einem großen schwarzen Regenschirm zu. Auf dem Heimweg von der Mühle, wo wir Georg geholfen hatten, sprachen Erwin und ich darüber, wie das wohl ist, in ein fremdes Land zu gehen, die Heimat zu verlassen. Ich täts nicht, sagte Erwin. Ich wär neugierig auf das Fremde, prahlte ich.

Jeden Sommer machten wir Gerbrinde – und zwar Fichten- und Eichenrinde. Deshalb war es üblich, immer einige Festmeter Holz auch im Sommer zu schlagen. Die Eichenrinde war teurer. Die Rinde mußte gut getrocknet sein. Meterweise wurde sie abgeschält, das ging aber nur im Sommer, wenn das Holz im Saft war. Die Rinde wurde dann von zwei Seiten gerollt. Sie mußte brüchig sein beim Abtransport, nicht mehr feucht. Das war viel Arbeit, aber man hat auf jeden Pfennig geschaut. Die Gerbereien kauften die Rinde zum Gerben der Häute. Jedes Jahr belieferten wir Gerbereien in St. Peter, Glottertal und Simonswald.

Es war das zweite Mal, daß ich den Vater begleitete. Er wollte, daß ich alles kennenlerne. In Glottertal erfuhren wir, daß die Gerberei Pleite gemacht hat mangels Aufträgen. Die Gerberei in St. Peter kaufte nicht, weil ihr Bedarf gedeckt war. In Simonswald boten sie weniger als drei Mark für den Zentner, das war die Hälfte von dem, was wir vor einem Jahr bekommen hatten.

Als wir im Hof der Gerberei das Fuhrwerk wendeten, zögerte der Braune. Von seinem Sitz aufstehend, gab ihm der Vater die Peitsche. Lauf, Krüppel, elendiger, schrie er. Sein Gesicht war verzerrt vor Wut. Mit der Hälfte der Ware fuhren wir wieder heim.

Tante Alma in Aktion.

Das ganze Jahr über hielt das Hingucken und Weggucken zwischen Maria und mir an. Manchmal waren wir schüchtern und drehten den Kopf, wenn der andere herschaute. Ein andermal lachten wir zurück und schauten uns in die Augen. Ich war zwar jung und dumm, aber so dumm war ich nicht, um nicht zu wissen, daß aus Maria und mir nichts werden konnte. Ich überlegte es auch nicht ernsthaft. Es war aber ein aufregendes Gefühl, sie zu sehen. Es kam selten vor, daß wir eine gemeinsame Arbeit hatten. Aber bei der 'Heiwet', der Heuernte, war jeder vom Hof dabei. Da das Wetter schön blieb, begannen wir in diesem Jahr schon eine Woche vor Peter und Paul. Es gab eine sehr gute Heuernte, und es waren fünf Mähder aus dem Tal zusätzlich dabei. Maria war bei den Mägden, die die 'Schore' schüttelten. Später half sie beim 'Ruder machen' und Aufladen. Wir hatten großes Glück mit dem Wetter, es war brechend heiß, und das ganze Heu konnte eingefahren werden, über siebzig Wägen! Entsprechend froh und üppig war die Heugaus. Es gab Schinken und Speck und frischgebackenes Brot und zum Trinken Bier und Most und Schnaps. Nach der anstrengenden Arbeit war dann ein Singen und Tanzen und Lachen, wir waren wie befreit. Es war eine Festlichkeit, fast wie an Kilwi. Irgendwann im Lauf des Abends tanzten auch Maria und ich miteinander. Wir lachten und alberten rum, wir waren beide nicht mehr nüchtern. Dann sagte ich, sie solle mir eine Granne aus dem Hemd holen, die mich stach und kitzelte. Als ich ihre Hand auf dem Rücken spürte, war ich wie elektrisiert. Ohne miteinander zu reden, schlichen wir davon, suchten uns einen heimlichen Platz, ganz oben auf der Hurt. Dort oben haben wir dann beide in dieser Nacht unsere Jungfräulichkeit gelassen.

Beim Gerbrinde schälen.

Die Woche nach Kilwi starb der alte Haubacher. Das war ein schreckliches Unglück. Beim Ausschirren wurden die zwei Kühe scheu und gingen durch. Der Bauer verheddert sich im Geschirr, konnte sich nicht befreien und wurde buchstäblich zu Tode geschleift. Es war, als wenn ein Fluch auf dem Hof läge. Im Monat darauf erlitt das jüngste Kind schwere Verbrennungen, als beim Schlachten der Brühzuber umkippte. Die Ärzte gaben der Kleinen keine Überlebenschancen, das Mädchen starb nach vier Tagen. Dann ging alles sehr rasch. Der junge Haubacher, dessen Hof, wie gemunkelt wurde, hoch verschuldet war, verkaufte und ging mit seiner Frau und den zwei Kindern nach Argentinien. Sie hatten dort einen Onkel, der angeblich viel Geld machte mit seiner Rinderfarm.

Mit dem neuen Bauer, der das Anwesen kaufte, setzte sich der Vater gleich in Verbindung. Er hoffte, einen schmalen Acker, der an unser Land grenzte, kaufen zu können. Aber der Weber, wie der neue Bauer hieß, lehnte ab. Er kam aus dem Jostal mit Frau und einer kleinen Tochter und wechselte schon in den ersten Tagen das alte Holzschild, auf dem Haubacherhof stand, aus. Es war bei uns an sich nicht üblich, den Namen des Hofes zu ändern. Der Name blieb, egal wer auf dem Hof war. Weberhof hieß das Anwesen jetzt.

Die Spannungen zwischen Tante Alma und Tante Irmela entluden sich immer wieder in kleinen und großen Boshaftigkeiten. Manchmal konnte man als Zuschauer drüber lächeln, manchmal war einem dabei überhaupt nicht nach Lachen zumute. Seit Tante Alma den Kanari erschlagen hatte – ohne Absicht – herrschte offene Feindschaft zwischen den beiden Tanten. War wieder einmal Geschrei, warf der Vater der Mutter einen Blick zu, als wolle er sagen: Siehst du es jetzt, hab ich's nicht vorausgesehen?

Es gab immer was. Der Großvater wünschte sich zu Weihnachten eine neue Wollmütze. Er sagte es ganz allgemein, zu niemand besonderem. Sofort fingen Alma und Irmela wie die Wilden an zu stricken. Wir fragten uns natürlich: wenn der Großl zwei Mützen bekommt, welche setzt er auf? Abends saßen die beiden in der Stube und strickten und strickten. Mützen kann man immer brauchen, bemerkte der Vater einmal, worauf ihm unsere Mutter einen mahnenden Blick zuwarf. Eines Morgens gab es ein großes Lamento. Irmelas Strickkorb lag in der Stube auf dem Boden, die Wollknäuel aufgewickelt, und in der halbfertigen Mütze waren Löcher. Offenbar hatte die Katze was zum Spielen gesucht und Tante Irmelas Strickzeug gefunden. Irmela behauptete, Alma habe den Korb extra so hingestellt, daß die Katze ihn finden mußte. Alma sagte, Irmelas Korb interessiere sie nicht, sie habe ihn nicht angerührt.

Ich mußte daran denken, daß früher die Großmutter und Karolin für uns gestrickt hatten. Karolin lag noch immer im Krankenhaus. Der alten Frau ging es schlecht. An eine Rückkehr auf den Hof war nicht zu denken. Maria ging zu ihr, so oft sie konnte. Mutter und ich besuchten die Karolin am ersten Adventssonntag. Blaß und abgemagert lag sie im Bett. Nur die Augen schauten noch klar und freundlich. Eine Woche später verstarb sie – der traurige Abschluß des Jahres 1932.

Und das neue Jahr? Ich war schwer in Unruhe. Maria und ich, wir waren seit jener Nacht sehr verlegen, wenn wir uns begegneten. Es war schön gewesen, aber wir wußten, daß es nicht weitergehen konnte. Es gab so etwas wie eine wortlose Abmachung, über das Geschehene nicht zu sprechen.

Gebeichtet hab ich es natürlich. Ich hab mich ziemlich gefürchtet vor dieser Beichte. Vom Pfarrer Haas gab es ein Donnerwetter. Er nahm mir das Versprechen ab, daß es nicht mehr vorkommt und legte mir eine saftige Buße auf. Ich war dann aber froh, daß ich es bekannt hatte und die Absolution erhielt. So fing das neue Jahr ohne schlechtes Gewissen an.

Es brachte der Januar wie immer viel Schnee. Das Hochmoser-Marili, unsere Butterhändlerin, kam dick eingemummt mit den Schneeschuhen den Hügel herunter. Sie stellte ihren Schlitzsack in der Küche ab und blies sich auf die kalten Finger. Der Hitler ist Reichskanzler geworden, sagte sie. Sie habe es vom Daume-Hubert. Am Vormittag ist es im Radio gekommen. (Damals hatten erst ganz wenige in unserer Gegend ein Radio.) Der Vater nickte, als sei er einverstanden. Tante Alma meinte: Jetzt wird alles anders.

Wie schnell so ein Jahr zur Mitte kommt! Die Arbeit teilt es ein. Kaum waren Schuhmacher und Sattler auf der Stör gewesen und hatten unsere Schuhe und das Roß- und Ochsengeschirr hergerichtet, war schon wieder Lichtmeß. An Lichtmeß, sagt man, ist der halbe Winter vorbei und man schaut, ob auf dem Heustock wirklich noch die Hälfte des Futtervorrats liegt.

Dann kam Fasnet. Es hieß, daß im Städtle diesmal alle großen Narrenzüge aufmarschieren. Das gab's nicht jedes Jahr. Also machten Georg, Erwin und ich uns auf den Weg. Ich war der Räuber mit den schwarzen Klamotten und dem Schlapphut, Erwin verkleidete sich als Seeräuber mit Säbel und Augenbinde. In den Straßen ging es hoch her. Viele Maskierte hatten 'Saublodere' und schlugen damit

Ein frühes Bild von Rita.

aufeinander ein. Erwin und Georg hatte ich schnell aus den Augen verloren. In den Straßen und Gassen erklang unablässig die Pfeif- und Trommelmusik der Narrenzüge. Am Brunnen in der Färbergasse tanzte eine Rotte von Hexen um zwei Masken, die sich mit Stößen und Püffen und viel Gekreisch zur Wehr setzten. Plötzlich ließen die Hexen von den Mädchen ab und stoben davon. Im Nachwinken oder Nachschlagen rutschte eins von den Mädchen aus und landete auf dem Hintern. Die Maske war verrutscht, aber die Gestürzte lachte, es konnte also nicht so schlimm sein. Ich half ihr beim Aufstehen, wie das so Räuberart ist.

Es war die Rita vom Sandelhof. Sie strahlte mich an wie ein Honigkuchenpferd. Der Wilhelm! sagte sie. Dann zog sie mit ihrer Freundin schon wieder weiter. Und ich stand da mit diesem 'der Wilhelm!'

Beim Tanz abends im 'Löwen' sah ich sie wieder. Sie war als Burgfräulein hergerichtet, hatte ein rotes Kleid an und ihr blondes Haar zu zwei Zöpfen geflochten, die wie Schnecken um ihre Ohren lagen. Das war damals Mode. Ihre Schwester Brigitte war ebenfalls da und sah zu mir her. Rita hatte mich noch gar nicht bemerkt. Ich ging zu ihr hin, Brigitte lächelte, sie glaubte wohl, ich käme zu ihr. Da drehte sich Rita um, und wir sahen uns direkt ins Gesicht. Von dem Moment an wußte ich: die ist es.

Von Frieder hatten wir lange nichts mehr gehört. Wir wußten nur, daß er mit der Frisöse nicht mehr zusammen war. Das Kind, die Klara, war bei der Mutter.

Als ich eines Tages mit dem Fahrrad auf dem Weg ins Dorf war, kamen mir auf der Allee zwei Leute entgegen. Die Sonne schien mir ins Gesicht, ich konnte nicht erkennen, wer es war. Ich sah nur diese zwei Gestalten, einen Mann und eine Frau, die sich an den Händen hielten. Die Mann trug einen kleinen Koffer.

Es war Frieder. Die Frau war seine neue Verlobte. Es war eine schlanke, große Frau. Und sie konnte lachen. Vater wurde sonst schnell mißtrauisch, wenn jemand lachte. Aber bei Theresa war es anders. Die hat er komischerweise von Anfang an gemocht. Obwohl auch sie nicht 'vom Land' war. Ihr Vater war bei der Eisenbahn, und sie war Verkäuferin in einer Bäckerei. Das alles schien aber keine Rolle zu spielen. Theresa war ein Sonntagskind. Selbst Tante Alma war ihr wohlgesonnen. Theresa hatte sie bestochen. Sie brachte uns nämlich allen Kekse und Waffeln und eine kleine Tüte Schokoladenbruch mit. Den probierte Tante Alma und bekam ein ganz frommes Gesicht. Zu Frieder meinte sie nur: Jetzt mußt du dir bald Schuhe mit hohen Absätzen kaufen. Sie spielte darauf an, daß Theresa zwei Zentimeter größer war als er.

Fasnet war vorbei, und spätestens Mitte März begannen die Vorbereitungen für den Ackergang. Ich freute mich, wieder draußen arbeiten zu können.

Mit dem neuen Besitzer des Haubacherhofes, dem Weber, hofften wir auf gute Nachbarschaft. Die hatten wir mit den alten Besitzern gehabt. Aber aus der guten

Nachbarschaft wurde nichts. Gestritten haben wir uns um die Wasser- und Wege-
rechte bei der Wässerung der Wiesen.

Damals wurden die Matten und Wiesen gewässert. Das war die Düngung. Eine
Düngung wie heute durch Ausbringen von Gülle gab es nicht. Im Frühjahr wurde
das Wasser von Bächen und Quellen durch Graben eines schwachen Gefälles in die
Wiesen geleitet. Diese kleinen, schmalen Gräben mußten im Frühjahr mit der
Friesaxt neu aufgehackt werden, meist machten das die Mägde. Es war das Schnee-
wasser, nährstoffhaltig und voller Spurenelemente, das düngte. Das gute Grünfut-
ter war das erste Futter nach dem langen Winter.

Das Bewässerungsrecht für unsere Wiesen stand uns grundbuchmäßig für die Zeit
vom 15. bis 20. April zu. Mit den Haubachers war die Einhaltung dieses Termins
nie ein Problem gewesen. Da der Bach über ihren Grund ging, waren wir darauf
angewiesen, daß wir unseren Zufluß zum vereinbarten Zeitpunkt öffnen konnten.
Im letzten Jahr hatte das mit den Weberleuten nicht geklappt. Vater war zu ihnen
gegangen, um das Wasserrecht zu reklamieren. Die
Wiesen und Matten, die hier zu bewässern waren,
waren unsere größten und ergiebigsten. Der alte
Weber hatte dem Vater wohl zugesagt, den Zufluß zu
öffnen, aber das war erst mit großer Verzögerung
geschehen. Das Wachstum der Wiesen war dadurch
deutlich geringer.

Und in diesem Jahr hielt sich der Weber wieder nicht
an die Abmachung. Als Alma und die Zumagd
kamen, um den Zufluß zu öffnen, hat der Bauer sie
von seinem Grund gewiesen. Vater und ich fuhren
dann mit dem Berner Wägele auf den Weberhof.
Die Bäurin goß die Blumen am Fenster und verschwand, als wir kamen. Kurz darauf erschien ein
kleines Mädchen in der Tür, vielleicht vier oder
fünf Jahre alt, das war die Lioba. Ihr Vater, ein langer, düsterer Mensch, schob sie zur Seite und
schaute Vater, der vom Wagen gestiegen war, feindselig an. Ich sah vom ersten
Augenblick an, daß dieser Mensch Streit suchte. Vater muß es ähnlich empfunden
haben. Es gab nicht viel Worte. Der Weber erklärte erst gar nicht, warum er das
Wasser nicht freigab. Er sagte nur, auf seinem Grund und Boden könne er machen,
was er wolle. Er sagte nur immer: 'des isch mei Sach'. Das Gericht wird entscheiden, sagte der Vater, ich laß mich doch von dir nicht an der Nas rumführen. Für
den Schaden wirst du aufkommen! Dann fuhren wir vom Hof.

Das Gerichtsverfahren kostete Geld, aber der Weber wurde verurteilt. Die Rechts-
lage war eindeutig. Ein Bußgeld wurde festgesetzt für den Fall, daß der Bauer der
Auflage nicht nachkam. Er hielt sich aber dann dran. Aber auch in diesem Jahr war

Ein altes Bild vom Skifahren –
damals mit nur einem Stock. Der
rechte Skifahrer ist Onkel Ludwig.

durch die späte Wässerung der Ertrag der Wiesen geschmälert. Damals haben die Reibereien zwischen unseren Familien angefangen. Inzwischen, nach all den Jahren, hat sich vieles geändert. Aber so ganz aus der Welt geschafft ist die Sache noch nicht. Hermann reagiert immer wieder gereizt, wenn er den Namen Weber hört, obwohl er mit der ganzen Sache nichts zu tun gehabt hat. Und die Lioba kann ja wohl am allerwenigsten dafür.

Großvater starb im August. Sein Tod kam ganz plötzlich. Ich stand vor dem Sarg, in dem er aufgebahrt war, und konnte es nicht begreifen. Vor drei Jahren war die Großmutter gestorben, ich hatte sehr an ihr gehangen. Trotzdem war Großvaters Tod noch einmal etwas anderes. Er hatte mir viel bedeutet, war ein Vorbild für mich gewesen. Jetzt lag er in seinem schwarzen Anzug so still in der Stube ...

Der Großvater. Eine Zeitlang trug er kein Bärtchen.

Am Tag nach seinem Tod gingen Vater und ich zu den Tieren im Stall und zu den Bienen im Stock, um ihnen die Trauerbotschaft zu überbringen. Das war ein alter Brauch bei uns. Vater ging durch den Stall und sagte: Der Vater ist tot. Und bei den Bienen klopfte er an die Behausung und sagte: Der Meister ist gegangen. Daheim hatte Maria Salz ins Feuer gestreut zur Rettung der Seele des Verstorbenen.

Es gab eine große Beerdigung. Der Großvater war eine beliebte und hochgeachtete Persönlichkeit gewesen, vor dem Krieg mehrere Jahre Bürgermeister der Gemeinde. Elisabeth, Hilde und Frieder waren vom Tal gekommen, Hilde – Schwester Gertrudis – in schwarzer Ordenstracht. Auch die Familie Pfaff sah ich im Trauerzug, Paul in SA-Uniform.

Die Geleitprozession ging von unserem Hof über die Feldwege zum Dorf. Vorn trug Konrad das Totenkreuz. Dann kamen die Kinder, alle dunkel gekleidet. Dahinter das Berner Wägele mit dem Sarg. Die Angehörigen schritten direkt hinter dem Wagen, dann folgte die Trauergemeinde, zuerst die Männer, dann die Frauen. Der Zug bewegte sich langsam voran, es kamen immer neue Menschen hinzu. Der Vorbeter, es war der Tischler-Schilli, hatte im Beten und Laufen ein äußerst gemessenes Tempo. Am Wegekreuz wurde 'Totenrast' gehalten und ein Ablaßgebet gesprochen.

Der Himmel war bedeckt, und es sah nach Regen aus. Immer wieder schaute jemand prüfend zu den Wolken hoch. Als wir das Dorf erreichten, begann die Totenglocke zu läuten. Da sahen wir, kurz vor'm Dorfeingang, ein seltsames Schauspiel. Vielleicht durch das plötzliche Klingen der Totenglocke, hatte sich irgendwo ein Pferd erschreckt und losgerissen. Es preschte am Dorfrand über die Wiesen, das Geschirr schleuderte hinter ihm her. Aber niemand folgte ihm, derjenige, dem es ausgerissen war, war nicht zu sehen. Ich dachte: das hätte dem Großvater jetzt gefallen.

In der Dorfmitte erschien der Pfarrer, begleitet vom Totenfahnenträger und zwei Ministranten, und nahm die Einsegnung vor. Inzwischen hatte sich ein riesiger

Zug gebildet. Ganz still war es im Rund, als Pfarrer Haas die Gebete sprach und den Toten der Barmherzigkeit Gottes empfahl. Auf dem Friedhof spielte dann die Musikkapelle aus Mitgliedern des Schützenvereins und des Militärvereins 'Ich hatt' einen Kameraden'.

Auf dem Friedhof kam später Rita zu mir. Wir sprachen zum ersten Mal länger miteinander. Zum Schluß gab sie mir einen langen, liebevollen Händedruck. Als wir an diesem Tag nach dem Leichenschmaus im 'Löwen' nach Hause fuhren und im Hof ausstiegen, nahm mich der Vater auf die Seite. Es war schon spät, aber noch nicht völlig dunkel und ich sah deutlich, daß er ein böses Gesicht machte. Er sagte einen Satz, der mich traf wie ein Keulenschlag: Bändelst du mit der Pfaff an? Schlag dir die aus dem Kopf!

Besonders nachts hatte Vater jetzt oft Magenschmerzen. Dann stand er auf und trank etwas Milch. Das linderte. Dr. Weiss hatte Leibwickel und Rollkuren verordnet, aber die halfen nur vorübergehend, und bald kamen die Schmerzen und das saure Aufstoßen wieder.

Der Vater machte kaum noch den Mund auf. Wir hüteten uns, ihn anzusprechen, wenn es nicht sein mußte. Plötzlich störten ihn Dinge, die er vorher überhaupt nicht beachtet hatte. Erwin warf er die Schuhe hinterher, weil sie nicht exakt unterm Schuhregal standen. Es fiel ihm immer schwerer, sich um die Arbeiten auf dem Hof zu kümmern. Oft mußte er sich hinsetzen, und der Schweiß stand ihm auf der Stirn. Tante Alma redete mit ihm wegen der Operation, er wurde wütend und sagte, er brauche keine Ratschläge.

Auf Rita sprach er mich nicht mehr an, er fragte nichts, und ich sagte nichts. Vielleicht dachte er, daß mit seiner Bemerkung an Großls Beerdigung die Sache erledigt sei. Es war natürlich nichts erledigt. Im Gegenteil. Ich suchte und fand Gelegenheiten, Rita zu sehen. Meist wechselten wir nur ein paar Worte, aber jeder von uns wußte, was los war.

In diesem Frühjahr hatte der Weber-Bauer aus Bosheit Jauche in den Bach geleitet, als wir an der Wässerung unserer Wiesen waren. Die Matten stanken nach Mistlache, und der Vater tobte. Komm mit, sagte er zu mir. Wir luden Vorschlaghammer, Pickel und Schaufeln ins Berner Wägele und fuhren zum 'Ebelbrückle'. Das Ebelbrückle war eigentlich keine richtige Brücke, sondern nur ein kleiner gemauerter Steg über den Schafsgraben. Da lief der Weg zwischen unseren Feldern und Wiesen zu Webers Gehöft. Es war für ihn der 'hintere Weg', und er benutzte ihn oft. Vor allem, wenn er auf den Feldern am Berghang zu tun hatte. Der Weg ging über unseren Grund und Boden, zu Webers Anwesen gehörte das Wegerecht. Das Ebelbrückle gab es, seit ich denken konnte. Für uns hatte es keinen Wert, wir brauchten es nicht. Die Ziegel und Steine waren alt und brüchig, aber sie hielten schon seit vielen, vielen Jahren.

Wir packten das Werkzeug aus und schlugen den Übergang zu Bruch. Vater zer-

Der Weber-Bauer.
Das Bild hab ich von der Lioba.

drosch die Ziegel und Steine mit dem Vorschlaghammer. Ich zerkleinerte mit dem Pickel die Brocken. Die größeren luden wir in die Körbe auf dem Wagen. Am Schluß gabs das Ebelbrückle nicht mehr. Es klaffte ein Loch, der Weg führte in den Graben hinunter.

Nach etwas über drei Jahren verließ uns Tante Irmela wieder. Sie tat nicht gut auf dem Hof. Irmela und Alma vertrugen sich nicht, es war von Anfang an so, und es wurde nicht besser.

Das war aber nicht der einzige Grund. Tante Irmela kam auch mit den Tieren nicht zurecht. Vor allem hatte sie Angst vor den Kühen. Vielleicht hatte sie zu lange in der Stadt gelebt. In manchem war sie ungeschickt. Alma beschuldigte sie, die Muttersau erschreckt zu haben, so daß die sich in ihrem Stall wie wild zu drehen begann und drei Ferkel erdrückte.

Es war schon so, daß sich Tante Irmela als was Besseres vorkam. Grobe Schuhe mochte sie nicht anziehen, auch nicht bei Regen und Matsch. Die täten ihren Füßen weh, behauptete sie. Wenn sie vom Kirchenchorsingen heimkam, erzählte sie jedesmal, wie der Lehrer ihre schöne Stimme gelobt habe – vor allen anderen. Meist trug sie weiße Blusen mit Spitzenbesatz. Schürzen mochte sie nicht, die band sie nur ungern um. Mit ihrer runden Brille und ihrem schmalen Gesicht sah sie eher wie eine Lehrerin aus. Am Abend kam sie oft mit einem Buch. Manchmal las sie uns etwas vor. Mir gefiel das, denn sie hatte eine angenehme Stimme.

Mit Tante Alma aber lebte sie im Dauerstreit. Die behauptete, Irmela habe mit Absicht das Weihnachtsgebäck verbrennen lassen. Sang Alma vor sich hin, hielt sich Irmela die Ohren zu und verdrehte die Augen. Alma hielt einen Wurstzipfel hoch und rief nach Herko, Irmela brummte nur: Da bleibsch! und der Hund zu ihren Füßen muckste sich nicht. Dann wieder großes Geschrei: Alma hatte sich auf Irmelas Brille gesetzt! Versehentlich, sagte Alma. Absichtlich! schrie Irmela.

Mutter grämte sich, wir anderen zuckten nur mit den Schultern. Mich ärgerte, daß Tante Irmela als einzige 'Willi' zu mir sagte. Eine Redensart von ihr war: Das sagt man nicht. Immer öfter ging Tante Irmela zu ihren alten Basen im Städtle. Eines Tages kam sie und meldete, sie habe einen Posten als 'Gesellschafterin'. Es stellte sich heraus, daß sie auf die vielen Kinder des Forstdirektors aufpassen und im Haushalt mithelfen sollte.

Am Tag vor ihrem Auszug kam Tante Irmela schreiend den Abhang hinter'm Haus heruntergerannt. In der Hand hielt sie einen Strauß Blumen, und hinter ihr her galoppierte die Butz, unsere beste Milchkuh. Tante Irmela schrie: Hilfe! Hilfe! und hinter ihr machte die Kuh übermütige Sprünge, als würde ihr das Hilferufen gefallen. Ich hab meinen Vater noch nie so grinsen sehen wie da, als Irmela an uns vorbei ins Haus schoß und die Tür hinter sich zuwarf. Butz blieb enttäuscht im Hof stehen und ließ sich vom Hirtenmaidli, das als nächstes angerannt kam, wieder brav abführen.

Rita ging mir nicht aus dem Kopf, und das sollte sie auch nicht. Manchmal überkam mich die Angst, daß ich mir ihre Zuneigung nur einbildete. Dann wieder war ich völlig sicher. Georg gegenüber hatte ich schon Andeutungen gemacht. Er selber war, was Frauen anging, die Schüchternheit in Person. In letzter Zeit allerdings war er oft im 'Löwen'. Ich sagte ihm, daß die Kathrin, die Bedienung, eine tüchtige Frau sei. Mehr brauchte ich nicht sagen. Sie hatten im 'Löwen' auch einen neuen Hausknecht, den Josef. Der schaut nach unserer Maria, bemerkte Georg.

Ich ging dann auf den Sandelhof zu Pfaffs, um Paul zu treffen. Zum Zegospielen kam er nur noch selten. Er hatte oft 'Dienst', machte Karriere in der SA. Jetzt trumpfte er noch mehr auf als früher. Hielt große Reden. Der Hitler habe die Arbeitslosen von der Straße geholt. Nun baue er die Autobahn. Der Bauer gelte was bei ihm. Jeder wird gebraucht, sagte er zu mir, komm zu uns!

Ich muß sagen, ich hatte nichts gegen den Hitler. In einem Jahr hatte sich wirklich vieles zum Besseren verändert. Aber in die SA wollte ich nicht. Du machst das schon, sagte ich zu Paul. Wir standen auf dem Hof, und ich ließ meine Augen spazierengehen. Ich wollte den Paul um was bitten. Das Gute war, daß Paul meine Sache begünstigte. Er hatte Rita und mich ein paar Mal zusammen gesehen und konnte zwei und zwei zusammenzählen.

Jetzt meinte er: das mach ich schon. Er mußte ihren Hund, der ein scharfes Vieh war, in dieser Nacht stillhalten. Dann sah ich Rita doch noch. Sie kam aus dem Stall, den Melkeimer in der Hand. Sie war überrascht und wurde rot. Das gefiel mir.

Walpurgisnacht war, und ich hatte einen schönen Maibaum geschnitten. Den setzte ich den Pfaffs aufs Dach. Das schreibt sich so leicht. In Wirklichkeit war es eine verzwickte Geschichte. Georg ging mit mir bis zum Rand des Hofes. Gott sei Dank war die Nacht wolkig, und Paul hatte Wort gehalten. Der Hund rührte sich nicht. Ich hatte mich vorher ein wenig umgesehen. (Aber eben nur ein wenig.) Ich kletterte aufs Dach und machte das Birkenbäumchen fest.

Dann hatte ich plötzlich Schwierigkeiten, wieder runterzusteigen. Die Dachkante schien höher geworden zu sein, ich bekam es mit der Angst zu tun, wollte von dieser Höhe nicht runterspringen. Gleichzeitig dachte ich, du Hosenscheißer, du kannst die Nacht doch nicht auf dem Dach vom Sandelhof verbringen.

Inzwischen hatte sich Georg auf den Hof geschlichen, um zu sehen, wo ich solange bleibe. Irgendwie tat ich dann doch den Sprung. Dabei hab ich mir saumäßig den linken Fuß verstaucht. Ohne Georg wäre ich wahrscheinlich gar nicht weggekommen. Den Arm um seine Schulter gelegt, humpelte ich heim. Ich war aber froh, daß der Maibaum auf Pfaffs Haus stand.

Mit Vaters Gesundheit ging es bergab. Er aß kaum noch und magerte ab. Die Schmerzen gingen nicht mehr weg. Eines Tages erbrach er Blut. Wir erschraken furchtbar. Ich jagte mit dem Einspänner los zum Arzt. Der ließ sich auf nichts mehr ein – er kam mit dem Krankenwagen vom Roten Kreuz. Es war ein erschreckender Anblick, das weiße Fahrzeug auf dem Hof zu sehen.

Ich machte mir Vorwürfe. Mutter hatte den Doktor gefragt, woher das mit Vaters Magen kommt, und der hatte geantwortet: Ärger. Ich dachte, ich bin mitschuldig an Vaters Krankheit. Daß ich Rita nicht aufgegeben hatte, wußte er nicht. Er hatte nichts mehr gesagt, aber vielleicht ahnte er etwas. Von mir aus kam ich nicht mehr drauf zu sprechen, ich wollte sein Nein nicht noch einmal hören. Gleichzeitig ärgerte ich mich über meine Heimlichtuerei. Vor allem wußte ich nicht, was er gegen Rita einzuwenden hatte.

Die Träger brachten ihn aus dem Haus, er war auf der Bahre festgeschnallt. Sein Gesicht war bleich und eingefallen. Er tat mir sehr leid. Ich dachte: und wenn er stirbt? Der Vater ließ alles mit sich geschehen, sagte keinen Ton. Wir traten zu ihm und sprachen ein paar Worte, bevor die Tragbahre ins Auto geschoben wurde. Mutter saß mit einem Köfferchen neben ihm. Als das Auto aus dem Hof fuhr, schneuzte ich mich, und Tante Alma wischte sich über die Augen.

Später hat man uns gesagt, daß es allerhöchste Zeit war. Magenblutung. Wenig später wäre der Vater wahrscheinlich nicht mehr zu retten gewesen. Es wurde eine lange Operation. Die Ärzte entfernten ihm ein großes Magengeschwür und einen Teil des Magens.

Mutter blieb drei Tage in Freiburg. Sie war die ganze Zeit im Krankenhaus. Nachts schlief sie bei Neumanns. Die hatten das sofort angeboten, als sie von Elisabeth hörten, daß Vater in Freiburg operiert werde. Telefon hatten wir noch keins. Lange waren wir im Ungewissen. Am Tag nach der Operation rief die Mutter im 'Löwen' an, und die schickten den Hausknecht zu uns. Das war der Josef, und ich sah, wie er Maria als erste auf dem Hof antraf. Ich komm mitere gute Nachricht, hörte ich ihn sagen.

Auf dem Hof muß der Bauer gesund sein, die Zügel fest in der Hand halten, das ist wichtig. Und wenn er alt wird und merkt, daß es nicht mehr geht, muß er übergeben. Dieser Wechsel ist notwendig. Mich beschäftigt das zur Zeit aus einem ganz bestimmten Grund: es geht um unsere Hofjagd. Man muß den Wildbestand immer im Auge behalten, es muß gejagt werden.

Mir fällt das Jagen nicht mehr so leicht, ich bin alt. Das muß jetzt jemand anderes machen. Wichtig ist mir nur, daß die Jagd in der Familie bleibt.

1934 gab es dieses neue Reichsjagdgesetz. Keiner von uns Jägern hielt was davon. Es versuchte alles zu reglementieren und führte ein, daß Wild künftig zu füttern ist. Das hatte es bei uns im Schwarzwald noch nie gegeben und war überflüssig wie ein Kropf.

Ich hatte ein Schreiben bekommen und ging deswegen aufs Rathaus. Man mußte sich den Jagdschein bestätigen lassen. Auf dem Rathaus traf ich den Benneter. Er hatte inzwischen erreicht, was er wollte. Er war Schanzenbauer geworden. Er war noch mehr: Er war Ortsbauernführer geworden – nach dem Bürgermeister und vielleicht sogar vor dem Bürgermeister der mächtigste Mann im Ort. Der Benneter kam mir entgegen, seine schwarzen Schaftstiefel knallten über den Steinfußboden. Ich weiß noch, wie unangenehm mir dieses Geräusch war, das ich im Laufe meiner Soldatenzeit noch oft hören sollte. Er grüßte mit erhobenem Arm und Heil Hitler und tat ganz vertraulich. Er war schon lange in der Partei, ich glaube, er tat sich jetzt was drauf zugut. Wir wechselten ein paar Worte, und er fragte, was ich auf dem Rathaus will. Es ist wegen dem neuen Jagdgesetz, sagte ich.

Ach ja, sagte er und hielt gleich einen Vortrag über den Segen dieser Neuerung. Der Schlendrian von früher hat ein Ende, alles kriegt jetzt seine Ordnung, jeder wird erfaßt, und so weiter und so fort. Wir standen im Gang, Leute liefen an uns vorbei, manche rissen den Arm hoch und schmetterten ihr Heil Hitler.

Ich hab mich an diesen Gruß nie gewöhnen können und hab ihn selten benutzt. Aber nicht aus Gegnerschaft, das möchte ich anmerken, ich war kein Widerstandskämpfer. Einiges, was die Nazis in den ersten Jahren machten, fand ich richtig. (Zum Beispiel wurde der schrankenlosen Ausnutzung der Hirtenbuben ein Riegel vorgeschoben.) Trotzdem war ich nie einer von ihnen, auch damals nicht. Später sowieso nicht. Es war eben doch auch ein Tropfen Blut meiner Onkel Ludwig und Bertram in mir. Ich hielt den Brief in der Hand mit der Aufforderung des 'Kreisjagdmeisters' (der war neu und hatte jetzt das Sagen). Benneter streckte die Hand danach aus. 'Gib her, Wilhelm, ich erledige das für dich. Bei mir gehts schneller.' Das war gut gemeint, glaube ich. Ich steckte den Brief wieder in die Tasche und sagte: Nein danke, das mach ich schon lieber selber.

Ich weiß nicht, welcher Teufel mich geritten hat, den Benneter so vor den Kopf zu stoßen. Das war, wie sich noch zeigen sollte, sehr unklug.

Zwei von Großvaters Jagdgenossen mit einem respektablen Stück Wild.

Es wurde damals viel von einer 'Neuen Zeit' gesprochen. Die meisten glaubten daran, aber nicht alle. Einmal saßen wir bei Onkel Ludwig im Garten, Onkel Bertram und Tante Bettina waren auch dabei. Am Tisch auch meine Vettern Reinhold und Konrad. Reinhold wurde vierzehn und kam bald aus der Schule, Konrad war zwölf. Es war Sommer, ein Bilderbuchwetter. Alle Welt sprach vom 'Röhm-Putsch'. So nannten es die Nazis. Angeblich hatte der Röhm, ein Freund Hitlers, einen Umsturz geplant. Ihn und viele andere hatte man erschossen. Onkel Ludwig und Onkel Bertram waren die einzigen, die ich kannte, die in die allgemeine Hitlerbegeisterung nicht einstimmten. Aber sie hüteten sich, das an die große Glocke zu hängen. Es war gefährlich geworden, das Maul aufzumachen. Es war noch nicht lange her, daß der Stirnerbauer verhaftet worden war. Ortsfremde hatten ihn angezeigt. Er hatte im Wirtshaus den Göring einen Hampelmann und den Hitler einen Scherenschleifer genannt. Daraufhin verschwand er für ein halbes Jahr, und als er zurückkam, sagte er keinen Ton mehr.

Wir saßen um den runden Gartentisch bei Kaffee und Kuchen, ich glaube, Onkel Ludwig hatte Geburtstag. Es wurde auch über den 'Röhm-Putsch' gesprochen. Onkel Bertram nannte die Erschießungen eine Riesensauerei. Tante Bettina sagte: Bertram, die Kinder! Onkel Ludwig winkte ab. 'Wir sind doch unter uns. Man wird ja wohl daheim noch sei Meinung sagen dürfen.' Und er setzte noch eins drauf und nannte den Hitler unberechenbar, einen Spieler und was weiß ich noch alles.

Plötzlich stand Reinhold vom Tisch auf, stieß den Stuhl zurück, daß er umfiel und stürzte davon. 'Reinhold!' brüllte Onkel Ludwig, 'komm sofort her!' 'Da hast du's,' sagte Tante Martha. Dann stand auch Konrad auf, aber eher langsam. Du bleibst! pfiff ihn Bertram an. Bettina sagte: Laß ihn! Konrad machte sich davon.

Wir am Tisch waren bedrückt und schwiegen. Nach einer Weile sagte Onkel Ludwig: Es geht nicht lang, und er will in die HJ! Soweit kommt's noch.

Frieder mußte heiraten. Theresa war schwanger. Wir hätten sowieso geheiratet, sagte Frieder. Die Hochzeit fand auf dem Hof statt, die Eltern hatten es Frieder angeboten.

Vater ging es seit der Operation besser, aber er war gesundheitlich angeschlagen. Körperlich schwer arbeiten konnte er nicht mehr. Er konnte gehen und sich bewegen, zum Gehen benutzte er 'sicherheitshalber', wie er sagte, einen Stock. Um die Dinge auf dem Hof kümmerten sich mehr und mehr Otto und ich. Ich spürte, daß Vaters Interesse am Hof nicht mehr das alte war. Ich überlegte, ob ich ihn nicht darauf ansprechen sollte, mir den Hof zu übergeben. Aber ich verschob die Aussprache immer wieder.

Theresa hatte als Braut alle Sympathien. Sie hatte sogar Tante Almas Segen, nachdem für die Hochzeit 'aus'm Tal' Unmengen von Kuchen und Süßigkeiten beigeschafft worden waren. Mit aus dem Tal kamen Theresas Eltern und ihr Bruder Christoph. Der übernahm das Amt des 'Ehreg'sell' bei der Hochzeit, das heißt, er stellte den Brautzug in die Kirche auf – natürlich beraten von Mutter und Tanten, die darauf achteten, daß zu jeder 'Hochzeitsschwester' der passende Begleiter ausgesucht wurde. In diesem Brautzug ging ich neben Rita. Offenbar hatte Mutter keine Einwände. Warum auch? Später, beim 'Suppentanz' im 'Löwen', tanzte ich mit Rita. Wir betrachteten uns insgeheim als verlobt.

Frieder hatte inzwischen wieder Arbeit, es ging ihm gut. Man sah, daß er ein glücklicher Hochzeiter war. Zum ersten Mal erlebte ich, daß der Vater freundlich zu ihm war. Das lag wohl hauptsächlich an der Braut. Ihre Eltern kamen aus dem Rheinland. Es waren gesellige Leute, die sich mit jedem unterhielten.

Abends tanzte ich mit der Schwägerin, deren offenes Wesen der Hochzeit eine besondere Note gegeben hatte. Georg sah ich die meiste Zeit in der Küchentür, da war er Kathrin, die Schwerarbeit leistete, am nächsten. Und ich sah Maria und Josef zusammen. Jetzt konnten wir beide uns ohne Verlegenheit anlachen.

Ich tanzte mit Rita, alle konnten sehen, wie es um uns stand. Einmal fing ich einen Blick der Mutter auf, die den Kopf schüttelte. Natürlich wußte sie alles. Mütter wissen immer alles. Aber sie hatte noch kein Sterbenswörtchen gesagt. Irgendwie glaubte ich nicht mehr an Vaters Nein oder ich dachte, er hat seine Meinung geändert.

Es kam aber anders. Es gab einen Riesenkrach. Beim dritten Tanz mit Rita hörte ich, wie der Vater mit seinem Stock zornig auf den Boden stieß. Dann rief er meinen Namen. Und zwar so laut, daß die Musikanten aufhörten zu spielen, da sie nicht wußten, was los ist. Ich sagte zu Rita, sie solle warten und ging an Vaters Tisch. Ich fühlte, wie mir, das Blut in den Kopf schoß. 'Was schreisch denn so rum?' fragte ich. Es kochte in mir, und es kochte in ihm. Jetzt langts! schnauzte er, hast du vergessen, was ich dir gesagt hab?!

Alle sahen zu uns her, keiner tanzte mehr. Hinten klappte eine Tür und ich sah, wie Rita den Saal verließ. 'Ich bin alt genug, ich weiß, was ich zu tun hab!' gab ich lautstark zurück. 'So, du weißt, was du zu tun hast?!' schrie der Vater. Jetzt redete die Mutter auf ihn ein. Frieder kam nach vorn. 'Vater, i bitt di, net an minere Hochzit!' 'Ich laß mir nicht das Maul verbieten, von euch noch lang nit!' brüllte der Vater und stieß voller Wut den Stock auf den Boden. 'Hier bestimm immer noch ich, merkt euch das!' Und dann zu mir: 'Du heiratsch di net, das sag ich dir ein- für allemal!'

Jungbauer

Ich hab sie natürlich doch geheiratet. Und heute kann ich sagen, ich bin heilfroh, daß ich mich dem Vater gegenüber durchgesetzt habe. Aber es war aufregend, bis wir uns 'kriegten'. Viel Aufregung gab es auch hier in den letzten Tagen. Beinahe wäre uns nämlich das Sägewerk den Bach runter. Franz hat krumme Geschäfte gemacht, er hat hinter Hermanns Rücken eine Menge Schwarzgeld kassiert. Er hat seinen Bruder betrogen. Er ist dann selber von seinem sauberen Geschäftspartner reingelegt worden. Der hat sich nämlich abgesetzt, als ihm die Steuerfahndung auf den Fersen war. Zurückgelassen hat er einen Berg voll Schulden.

In dieser Situation wollte Franz sich ebenfalls aus dem Staub machen, still und heimlich. Es war reiner Zufall, daß ihn Hermann in letzter Minute noch erwischt hat. Der Koffer mit dem zur Seite geschafften Geld lag schon im Auto.

Mich hat der Franz auch angelogen. Aber ich hab gespürt, daß da was nicht stimmt. Ich bin zum Sägewerk und komm gerade dazu, wie der tobende Hermann den Franz am Schlafittchen hat und vor die laufenden Sägeblätter hält. Hab grad noch den roten Knopf drücken können.

Ich hätte es nicht zugelassen, daß die Säge unter den Hammer kommt. Nie im Leben. Das bin ich schon dem Andenken Georgs schuldig. Für den war die Säge alles. Hier hat er seine Arbeit gemacht, und was die wert war, haben wir gemerkt, als es ihn nicht mehr gab.

Im März 1935 hat sich Georg mit der Kathrin vom 'Löwen' verlobt. Die Familie saß beim z'Nachtessen, als er mit der Neuigkeit kam. Vater fing sofort an rumzuschreien. Da habe er wohl noch ein Wörtchen mitzureden, schrie er, so ginge es ja nicht, was diese Kathrin für eine Dahergelaufene wär, einen Bankert habe sie auch schon; da könne er sich was Besseres vorstellen, so eine als Schwiegertochter – und so in einem fort. Tante Alma gab natürlich auch gleich ihren Senf dazu. Es gebe doch genug achtbare Bauerntöchter, da könne er sich doch umschauen, man brauche doch nichts übers Knie brechen, warum denn gleich Verlobung. Die Mutter sagte kein Wort. Der Vater fuhr fort, die Kathrin runterzuputzen. Die saubere Madam, die blinzle doch jedem zu, er solle sich doch bloß nicht einbilden, daß er der einzige sei, dem sie schöne Augen mache...

Der Vater hatte sich in Rage geredet und Georg gar nicht mehr angeschaut. Sonst hätte er gesehen, wie es in dem kochte. Schließlich passierte etwas, das wir bei dem

Georg vor dem größten Baum, der je in unserem Wald geschlagen wurde. Er brachte über 12 Festmeter Holz.

stillen, besonnenen Georg nicht für möglich gehalten hätten. Mitten in Vaters Rede schlug er mit seiner großen Faust auf den Tisch, daß die Tassen und Schüsseln hochsprangen, und schrie: Schluß! Sein Kopf war feuerrot. Wir anderen waren wie erstarrt, wir kannten unseren Vater und dachten: Was kommt jetzt?

Georg hatte sich vom Tisch hochgestemmt. Auch der Vater war aufgestanden, und ihre Köpfe standen dicht voreinander. Ja was glaubst du denn, du Dreckspatz, brüllte der Vater, du liederlicher, wer hier – Da sauste noch einmal Georgs Faust auf die Platte. Schluß, sag ich! Dann stand er auf und ging mit krachenden Schritten aus der Stube. Raus! schrie ihm der Vater nach. Laß dich hier bloß nicht mehr sehen! Aber da war der Georg schon aus der Tür.

Wir anderen taten keinen Mucks. Der Vater ließ sich wieder auf die Bank fallen. Dann winkte er müde ab und griff nach seinem Stock. Macht doch was ihr wollt, murmelte er und stand auf. Ganz gebeugt sah er aus, als er aus der Stube ging. Ich hab mich in solchen Momenten immer mehr mit den Geschwistern als mit dem Vater verbunden gefühlt. Wir hatten viel Respekt vor ihm, das gewiß. Aber er war 'der Alte', und wir waren 'die Jungen', und wir dachten und fühlten in manchen Dingen anders.

Wir haben immer Kontakt zueinander gehalten. Meine Geschwister waren auch meine Freunde – trotz der Spannungen, die es hin und wieder gab. Aber ich hatte auch noch den Franz als Freund.

Franz war nach seiner Schneiderlehre als Geselle übernommen worden. Die Geschäfte gingen gut. Als er mich besuchte, erzählte er, sein Chef habe dem 'Führer' eine Schwarzwälder Trachtenjacke als Geschenk nach Berlin geschickt. Die Hitlerbegeisterung war allgemein. Auch wir waren – heute würde man sagen: Sympathisanten. Aber keiner von uns dachte daran, in die Hitlerpartei einzutreten. Es schien auch alles zu stimmen. Die Arbeitslosen waren von der Straße weg. Daß viele Nazi-Gegner in KZs verschwunden sind, das hat man nicht so genau registriert, oder man wollte es nicht wahrhaben. Und das mit den Juden... Ich hab nur gemerkt, daß der Viehhändler vom Kaiserstuhl, der regelmäßig zu uns kam, der Viehjud, wie wir sagten, nicht mehr kam. Das ist mir aufgefallen.

Franz und Erwin begleiteten mich in den Wald zum Oberen Schlag, wo ich nach den Bienenstöcken schaute. Franz erzählte von einer neuen Autowerkstatt im Städtchen, gleich gegenüber der Schneiderei. Die Woche darauf fuhr Erwin hin und kam mit der Nachricht zurück, er habe in der Garage Arbeit gefunden.

Das war dann aber nichts so Tolles, wie sich herausstellte. Doch dem Erwin gefiel's. Er kam weit herum. Er fuhr mit einem Montagewagen und zwei Kollegen durch die Gegend und wechselte die Streckenreklame aus. Statt 'Dapolin' hieß die Firma jetzt 'Standard Motor Öl'. Sie kutschierten mit ihrem LKW über Land, und eines Tages kamen sie auch auf den Hof.

Für Bruno, den einen von Erwins Arbeitskollegen, war ein Bauernhof etwas vollkommen Neues. Er war in der Stadt, in Karlsruhe, aufgewachsen und hatte tatsächlich noch nie einen Bauernhof näher kennengelernt. Erwin zeigte ihm alles, führte ihn herum, und Bruno war begeistert. Er war ein schlanker, südländisch aussehender Mensch, der draußen wie drinnen seine Baskenmütze aufbehielt. Wir erfuhren, daß Bruno zwei Jahre an der Karlsruher Kunstschule gewesen war, dann aber nicht mehr weiterstudieren konnte – wohl aus politischen Gründen. Er hatte ein Zeichenheft dabei, und in Nullkommanix machte er eine Skizze von dem Roß, das gerade vor den Wagen gespannt wurde. Später, als wir in der Stube saßen, zeichnete er den Vater. Ein richtiger Künstler auf unserem Hof!

Das kleine Porträt war gut gelungen. Immer wieder schaute sich der Vater die Zeichnung an und schmunzelte. In jedem Faller, denke ich, ist ein Schuß Bildhauerblut und ein Verständnis für die Malerei.

Vater sagte zu Erwin, die Montagearbeit, das sei doch nichts Rechtes, er solle sich was Besseres suchen. Aber wirklich aufgeregt hat er sich über Erwins 'Herumzigeunern', wie er es nannte, nicht. Der Bruno gefiel ihm, das merkte ich. Mich hat das gewundert, denn mir schien er ein Bruder Leichtfuß zu sein, und so jemand war normalerweise nicht Vaters Freund.

Lioba als Mädchen auf der Treppe des Weberhofes.

Ich mußte an den Bruno denken, als ich dieses Jahr zum Geburtstag ein Ölbild bekam. Zu meinem Fünfundachtzigsten sollte wohl ein großes Tamtam stattfinden. Aber ich habe ihnen einen Strich durch die Rechnung gemacht, ich bin abgehauen. Ich mag diesen offiziellen Rummel nicht, bei dem ein Haufen Reden geschwungen werden. Den Geburtstag habe ich tagsüber mit der Lioba verbracht und abends mit der Familie. So war's dann recht. Gefreut hab ich mich, daß der Bernhard mit dem Albert noch rechtzeitig zum Geburtstag aus dem Urlaub zurückgekommen ist. Ganz zum Schluß sind sie hereingeschneit. Ich hab mich auch über das Bild gefreut, das mir die Familie geschenkt hat. Es ist ein verrücktes Bild – ein Porträt von mir; die anderen waren schockiert, aber mir gefällts.

Lioba und ich haben natürlich an diesem Tag auch über früher gesprochen. Wir haben uns beide, trotz des Zwistes unserer Familien, meist gut verstanden. (In den letzten Jahren immer besser.) Wir erinnerten uns daran, wie sie als kleines Mädchen zum ersten Mal bei uns auf dem Hof war und wie diese Geschichte passierte. (Die ich der Lioba nie vergessen habe.) Sie war ja mit der Hedi, Onkel Ludwigs Tochter, in einer Klasse. Die beiden waren Freundinnen, zusammen gingen sie zur Ersten Kommunion. Am zweiten oder dritten Sonntag danach waren Hedi und Reinhold bei uns auf dem Hof, gemeinsam wollten wir zum Vormittagsgottesdienst. Hedi wußte nichts von unserem Streit mit den Webers, Lioba hatte ihr nichts gesagt, Kinder haben ihre eigenen Freundschaften und Feindschaften. Jedenfalls hatten sich die beiden bei uns zum Kirchgang verabredet und so kam es, daß das Weber-Maidli im Sonntagskleid bei uns auf dem Hof auftauchte.

Es waren aber an diesem Sonntag auch Frieder und Theresa zu Besuch, um den gerade ein paar Monate alten Markus vorzuführen. Theresa war eine strahlende Mutter, und Frieder konnte kaum noch laufen vor Stolz. Der Hof war voller Leute, für den Kirchgang wurde der alte Landauer hergerichtet. Irgendjemand bemerkte Lioba, ich hörte den Satz: Was sucht'n die hier?

Ich stand mit Hedi und Lioba bei Theresa, die das winzige Bündel Markus im Arm hielt. Die Mädchen lachten und schäkerten mit dem Kleinen – auf einmal wirft sich Lioba gegen Theresa, daß die mit einem Aufschrei zurücktaumelt, und im selben Moment rollt auch schon der Landauer vorbei und kracht mit splitternder Deichsel gegen die Speicherwand.

Im selben Jahr, im Sommer 1935, ist Reinhold in die HJ. Onkel Ludwig hat es erst einmal nicht erfahren. Ich hätte es normalerweise auch nicht mitgekriegt, aber Reinhold wollte unbedingt ein braunes Hemd. Das war nämlich die Uniform der Hitlerjugend: braunes Hemd, schwarze Hose, Schulterriemen und Gürtel, Fahrtenmesser und Schirmmütze. Diese Uniform mußten die Eltern selbst bezahlen. Nicht dran zu denken, daß Onkel Ludwig dem Reinhold auch nur einen Pfennig dafür geben würde. Also ging Reinhold zu seinem Götti, unserem Vater. Und der ist dem Reinhold gegenüber immer sehr großzügig gewesen. Auch jetzt gab er ihm das Geld – nicht für die ganze Ausstattung, aber für das Hemd.

Reinhold getraute sich nicht, das Hemd mit nach Hause zu nehmen. Er getraute sich auch lange nicht zu sagen, daß er in der HJ war. Das Hemd deponierte er bei uns in der Scheuer, da konnte er es holen, wann immer er wollte. Dafür mußte er einen Umweg in Kauf nehmen, wenn er zu den Heimabenden und Aufmärschen ging. Aber das machte ihm nichts aus.

Natürlich hat Onkel Ludwig irgendwann doch erfahren, daß sein Sohn in der HJ ist. Es gab ein großes Donnerwetter und fertig. Schlimmer war der Krach zwischen ihm und Vater, als er erfuhr, daß der das Braunhemd bezahlt hatte. Peinlich auch, weil die Neumanns zufällig dabei waren. Das waren nämlich unsere ersten Sommerfrischler im Leibgeding. Als sie mit dem Motorrad (mit Elisabeth im Beiwagen) bei uns auf den Hof einbogen, stand ich am Hackklotz und war gerade dabei, einem Huhn den Kopf abzuschlagen. Ohne Kopf flog es gegen die Stallwand, die Flügel voller Blut. Ich hatte die alte Schürze um und das Beil in der Hand. Frau Neumann schaute mich mit großen Augen an. Ich dachte, da hat sie gleich den richtigen Eindruck vom Landleben.

Im selben Jahr gab es eine kleine Sensation, es hieß nämlich: Irmela heiratet! Sie war gerade fünfzig geworden, und keiner hatte damit gerechnet, daß sie noch einen Mann finden würde. Tante Alma hab ich es immer abgenommen, wenn sie sagte, auf einen Mann könne sie verzichten. Bei Tante Irmela war es anders. Sie machte zwar auch ihre Sprüche übers Heiraten und über die Männer, aber jeder

Tante Antonia, die 'Papiertante'.

konnte merken, daß sie in Wirklichkeit gern einen Mann hätte. Plötzlich gab es also einen Bräutigam. Der jüngste war er auch nicht mehr, ein Witwer, aber, wie Tante Irmela sagte, 'in guter Position'. Man kannte ihn vom Sehen, er hieß Adam Dörle und war Briefträger.

Als wir sie später fragten, wie sie ihren Mann kennengelernt habe, lachte sie und schwieg. Kann man sich ja vorstellen, wie und wo, sagte Tante Alma vieldeutig. Aber ich konnte mir nichts vorstellen. Dann stand die Hochzeit an – die etwas Besonderes wurde: nämlich eine Doppelhochzeit. Der Witz war, daß auch Dörles Bruder heiratete – und das war niemand anderes als der Josef, der Hausdiener vom Löwen, und seine Braut war die Maria! Der Fallerhof war also in diese Hochzeit doppelt einbezogen.

Da tauchte eine Schwierigkeit auf, an die niemand gedacht hatte: Irmela lud zur Hochzeit auch ihre Schwester Antonia ein. Das überraschte alle. Irmela hatte damals, als Antonia aus der Kirche ausgetreten war, den Kontakt zu ihrer Schwester abgebrochen, wie die Fallers auch. Aber nun war, wie Tante Irmela sagte, 'die neue Zeit' angebrochen. Wichtig war nicht mehr, ob man katholisch oder altkatholisch war, sondern ob man an den 'Führer' glaubte oder nicht. Und Josef und Adam waren in der Partei, und Antonia und Irmela in der Frauenschaft. 'Daher weht der Wind', sagte der Vater.

Unsere Mutter regte sich furchtbar auf. Sie verkündete, sie werde nicht zur Hochzeit gehen, wenn Antonia komme. Onkel Bertram nahm sich der Sache an. Von ihm wußten wir, daß er für die politische Haltung der Schwestern und Schwäger kaum Sympathien hatte. Für ihn war wichtig, daß die Geschwister nach all den Jahren wieder miteinander ins Reine kamen. Man solle doch den alten Streit begraben, sagte er. Irmelas Hochzeit sei dazu die rechte Gelegenheit.

Aber Mutter war nicht zu erweichen. Wenn Antonia kommt, komme ich nicht. Fertig, aus. Tante Alma stand natürlich auf ihrer Seite. 'Ich geh au net'. Wir anderen saßen zwischen den Stühlen. Tante Irmela wollte die Einladung an Antonia nicht zurücknehmen. Geht ruhig hin, sagte die Mutter zu uns, ich geh nicht, ich bin krank.

Die Brautpaare hatten den ersten und zweiten Stock vom 'Löwen' gemietet. Jetzt konnte sich Josef auch einmal bedienen lassen. Es war eine große Hochzeit, der halbe Ort war versammelt. Es gab viele Leute in SA-Uniform, viele Hakenkreuzfahnen und viele 'nationale' Reden. Ich hab mich gefreut, Tante Antonia wiederzusehen. Ich hatte ihr zwar den Kirchenaustritt nicht verziehen, aber sie gehörte zur Familie, und wir beide hatten uns immer gemocht. Sie war doch meine 'Papiertante'!

Am Anfang haben wir noch sehr gefremdelt. Im Laufe des Tages lockerte sich die Stimmung. Ich konnte dann mit ihr reden wie früher – ein Rest von Zurückhaltung aber blieb. Tante Antonia erkundigte sich nach Mutter und Tante Alma, und wir sagten, sie seien krank. Sie ließ gute Besserung ausrichten. Es gab dann noch ein kleines Hallo, als Onkel Bertram und Tante Bettina verkündeten, daß sie noch einmal Nachwuchs erwarteten, einen Nachzügler. Oder eine Nachzüglerin, sagte Tante Bettina.

Bei allen Hochzeiten der Umgebung war der Stumpen-Kunle dabei. Er half bei den groben Arbeiten, schleppte Weinkisten oder Bierfässer, versorgte die Pferde der Gäste oder kümmerte sich ums Holz. Es fiel genug zu essen und zu trinken für ihn ab, auch zwei oder drei Mark gab es, für Kunles Stumpen war gesorgt. In den letzten Jahren war er freilich noch verwirrter geworden. Das Geschwür am Hals war verschwunden, aber seine Rede und sein Gehabe wurden immer seltsamer. Einmal fragte ihn jemand, wie er 'wirklich' heiße. 'Du heißt doch net Stumpen-Kunle!' Er wußte nicht einmal mehr seinen Namen.
Die Hochzeitsgesellschaften hatten sich vor'm 'Löwen' aufgestellt – erst die Irmelas, dann die von Josef und Maria. Es war ein heilloses Durcheinander, aber es ging fröhlich zu. Der alte Fotograf Scherzinger und sein neuer Lehrling Reinhold hatten alle Hände voll zu tun, die vielen Leute auf die Platte zu bekommen. Hinter ihnen neugierig schauend der Kunle. Er stand neben der alten Hundehütte, die nicht mehr benutzt wurde, da nach dem Tod seines Schäferhundes der Wirt keinen neuen Hund mehr angeschafft hatte.
Als die Fotografiererei vorbei war, blieb man noch im Hof beieinander stehen. Der Benneter-Toni führte das große Wort. Keiner war mehr ganz nüchtern. Jemand fragte Kunle nach seinem Namen. Benneter, Paul Pfaff und einige junge Kerle machten ihre Witze. Irgendeiner kam auf die Idee, Kunle den Hund spielen zu lassen. Man versprach ihm einen Stumpen, wenn er in die Hundehütte kroch. Kunle grinste und schüttelte den Kopf. Du traust dich ja net! rief es aus dem Hintergrund.
Der Kunle war plötzlich im Mittelpunkt. Vielleicht gefiel ihm das auch. Zwei Stumpen, Kunle! verkündete Benneter, ist doch nur Spaß. Kunle war unsicher geworden. Um ihn waren grinsende Gesichter. Er drehte sich wie ein Bär um sich selbst und schlenkerte mit den Armen. Los komm, Kunle!
Ich erinnerte mich, wie oft wir den Kunle als Kinder geärgert hatten. Jetzt tat er mir leid. Laßt ihn in Ruh, sagte ich, aber das schien keiner zu hören. Schließlich ging der Kunle in die Knie und kroch auf allen Vieren rückwärts ein Stück in den Verschlag – er war ja gewohnt zu machen, was andere sagen. Er schaute verlegen zu den Männern hoch, die ihn lachend umstanden. Auf der Hintertreppe erschien Maria, sie merkte nicht gleich, was los war. Ich sah zu ihr, sie schaute mich mit einem seltsamen Blick an.

Nun versuchten sie, den Kunle zum Bellen zu bringen. Benneter kickte mit seinen schwarzen Stiefeln den Freßnapf vor ihn hin. Großes Gelächter. Plötzlich war Onkel Bertram da. Er schob Benneter zur Seite und zog den Kunle vom Boden hoch. So eine Sauerei! stieß er hervor. Der Benneter baute sich vor Onkel Bertram auf. Ja wie hamme'rs denn?! Was glaubsch'n du?! Aber da war schon Maria bei den beiden und drängte sie auseinander. Ich duld kein' Streit auf minerer Hochzit, ganget wieder nei!

Irmelas und Marias Hochzeit erinnerte mich an meine eigenen Heiratspläne. Ich wurde ungeduldig. Aber es lag alles nur an mir. Ich mußte nur den Mund aufmachen. Es würde aber Krach geben, das war mir klar. Und Krach hatte es bei uns in letzter Zeit genug gegeben. Seit dem Streit wegen Kathrin gingen sich Georg und der Vater aus dem Weg. Auch Georg wollte heiraten, ich wußte das. Aber er sprach in letzter Zeit mit mir nicht mehr darüber. Irgend etwas war geschehen. Auf Irmelas Hochzeit war Georg mit traurigem Gesicht im Hintergrund gestanden, oder hatte ein paar Handgriffe in der Küche gemacht, nur um in Kathrins Nähe zu sein.
Rita war nicht auf der Doppelhochzeit gewesen, ihre Mutter war krank. Ich hab an diesem Abend auch mit Maria getanzt, und es hat uns beiden gefallen. Wir sprachen kein Wort über das Frühere, und das war gut so. Maria blieb bei uns auf dem Hof, wohnte aber jetzt im 'Löwen', wo sich Josef zwei Kammern hatte herrichten können.
Ich sprach mit Vater über das Thema Hofübergabe und Heiraten auch deswegen nicht, weil ich Angst hatte, daß er sich zu sehr aufregte und wieder etwas mit dem Magen bekam. Aber es standen wichtige Entscheidungen an, was den Hof betraf. Ich wollte mit einer Jungbullenzucht anfangen und noch ein Pferd anschaffen. Die Nachfrage nach Jungbullen war gestiegen, sie standen gut im Preis. Aber der Vater wich aus. Er sagte weder Muh noch Mäh. Er konnte sich einfach nicht entscheiden. Und das war in vielem so. Er, der früher schnell und klar bestimmte, was zu tun war, wurde immer zögernder und unentschlossener.
Das Faß zum Überlaufen brachte die Sache mit dem Kummet. Wir hatten zwei Kummet für die Ochsen, aber das eine taugte nicht mehr viel, es war ein Pferdekummet gewesen und umgearbeitet worden. Ich wollte ein neues Kummet, das andere wäre für den Notfall geblieben. Ein Bekannter von mir, der Metzger war und die Landwirtschaft aufgegeben hatte, der Süß August, sagte mir, er habe ein nagelneues Ochsenkummet zu verkaufen. Er würde es mir zum halben Preis geben. Ich erzähle dem Vater davon, erkläre es ihm, er antwortet, da hab ich kein Geld dafür. Da hats mir gereicht. Ich hab gesagt, Vater, wenn ich mich das ganze Jahr von früh bis spät wie ein Dackel hier abrackere und du bist nicht imstande, Geld auszugeben für eine Anschaffung, die wir wirklich brauchen, dann hats keinen Zweck, daß ich weitermach. Er gleich: Dann geh doch! In solchen Situationen verwandeln sich ja die Beteiligten schnell in Betonköpfe, das ist nichts neues. In kürzester Zeit

waren wir in einer bösen Auseinandersetzung. Einmal in Rage, kam bei mir alles hoch. Ich sagte ihm, er sei krank und könne sich nicht mehr so wie früher um den Hof kümmern. Er bruddle nur noch, und nichts, was der Otto und ich machten, sei ihm recht, überall lege er uns Steine in den Weg.

Es kam alles auf den Tisch – Rita, die Hofübergabe, die Hochzeit. Der Vater schrie und tobte. Er stieß wie verrückt den Stock auf den Boden und brüllte, die Pfaffs, die haben doch nichts. Die sind doch nichts. Mit ihrem Sandloch, was ist das schon? Das sind doch arme Schlucker. Der alte Pfaff will doch seine Brut nur gut verheiraten! Und du bist so blöd und fällst drauf rein!

So ging es in einer Tour. Er konnte gar nicht mehr aufhören. Mir hat es erst mal die Sprache verschlagen. Denn das alles stimmte ja nicht. Sicher war der Sandelhof kleiner als der unsrige, es war ein mittelgroßer Hof, und er war, das wußte ich, grundgesund. Der alte Pfaff war ein solider Wirtschafter, und die Kinder hatten keineswegs nur 'e paar steinige Ebel' (Feldstücke) zu erwarten, wie der Vater behauptete.

Wir waren beide sehr aufgebracht. Vaters Hände zitterten. Ich stotterte vor Wut. Mit bösen Worten gingen wir auseinander. Aber es war doch auch wichtig, daß ich klargestellt hatte: ich will heiraten, und ich will den Hof übernehmen.

Dieser Streit wiederholt sich in jeder Generation. Das war bei mir und dem Hermann und Karl nicht anders. Aber der Jungbauer muß nun mal den Hof zu seiner Sache machen können, soll es ein rechtes Wirtschaften geben.

Die Zwietracht mit dem Vater bereitete mir schlaflose Nächte. Mutter gab mir im Prinzip recht, aber sie meinte, der Vater brauche Zeit, um sich mit den Gedanken der Heirat und der Hofübergabe anzufreunden. Ich sprach mit Georg. Laß dich nicht vertrösten, meinte der. Bei der Gelegenheit erfuhr ich auch, was ihn bedrückte.

Kathrin konnte ihn nicht mehr heiraten. Vor einem halben Jahr, erzählte er, haben wir drüber gesprochen, und alles war klar. Dann kam sie und sagte, es geht nicht. Warum nicht, was ist passiert? hat Georg gefragt. Es gebe jetzt neue Gesetze. Er hatte keine Ahnung. Was für Gesetze? Diese Judengesetze, sagte Kathrin. Ja und? Sie sagte: Mein Großvater war Jude, ich bin Halbjüdin. Er verstand nichts. Aber du bist doch katholisch!

Es zeigte sich, daß das keine Rolle spielte. Nach den neuen 'Rassegesetzen' waren Ehen zwischen 'Ariern' und Juden bzw. Halbjuden verboten. Georg, der sich von uns allen am wenigsten um Politik kümmerte, verstand die Welt nicht mehr. Er hatte eine lange Aussprache mit Pfarrer Haas, aber der konnte ihm auch nicht helfen.

Georg war sehr niedergeschlagen. So hatte ich ihn noch nie erlebt. Er sprach noch weniger als früher. Wenn Georg nicht dabei war, sagten Vater und Tante Alma, wie gut es sei, daß es zu dieser Ehe nicht kommt. Einmal sah ich Mutter und Georg auf

*In der oberen Reihe ganz
rechts Georg. Unten die Eltern.
Hinter dem Vater Elisabeth.
Links oben der Frieder,
dann ich, dann Erwin.
Hilde mit dem Hund.*

der Bank vorm Haus sitzen. Sie sprachen miteinander, aber ich konnte nichts hören und ich wollte auch nicht zu ihnen gehen. Georg war das älteste Kind, und ich glaube, er war Mutters Liebling – soweit das bei ihr überhaupt zu erkennen war.

Zwischen Vater und mir herrschte in dieser Zeit 'Funkstille'. Der Streit steckte uns in den Knochen. Wir gingen uns aus dem Weg. Am Erntedanksonntag waren Onkel Hanno und Tante Barbara aus Stuttgart zu Besuch. Wir sahen sie selten. Onkel Hanno, Vaters ältester Bruder, hatte in den zwanziger Jahren in der Inflation all sein Geld verloren. Er war in die Großstadt gezogen und arbeitete inzwischen in einer Fabrik. Die Tochter, meine Cousine Paula, war so alt wie ich. Sie habe einen guten Posten bei der Raiffeisenbank, erzählte Onkel Hanno. Als ich allein mit ihm war, fragte er nach Vaters Gesundheit; ich sagte, du siehst es selbst, er hatte diese schwere Operation. Der Vater, sagte Onkel Hanno, habe mit ihm über die Hofübergabe gesprochen. Dann lachte er und sagte: nein, er hat über dich geschimpft.

Später habe ich erfahren, daß Onkel Hanno noch einmal ein langes Gespräch mit dem Vater hatte. Ich wußte, daß der Vater seinen ältesten Bruder sehr schätzte. Vielleicht hat das Gespräch ja etwas bewirkt.

Zwei Tage vorher, das weiß ich noch, am Freitag vor Erntedank, gab es diesen Vorfall mit dem Dolfi. Der hat auf dem Sportplatz den Fahnenmast zerhackt. Ich war zufällig im Dorf und kam als einer der ersten dazu. Dolfi war betrunken und schlug wie wild mit dem Beil den Fahnenmast zu Kleinholz. Der Mast war hingelegt worden, weil er auf Erntedank frisch gestrichen worden war. Als wir ihm das Beil wegnahmen, war der Stamm schon unbrauchbar. Dolfi sah wüst aus. Er war vollkommen betrunken und lallte und heulte, und jemand meinte, er sei verrückt geworden. Es war nichts aus ihm herauszukriegen, keiner wußte, was los war. Auf Drängen von Benneter erstattete der Bürgermeister Anzeige wegen mutwilliger Zerstörung von Gemeineigentum. Irgendwie hat der Benneter das ins Politische gedreht. Schließlich war die Rede von Sabotage im Kampf um den nationalen Aufbau – wie diese Schlagworte damals hießen. Der Dolfi hatte nicht viele Freunde im Ort. Alle fielen über ihn her, da er, auch im nüchternen Zustand, nicht erklären konnte, was in ihn gefahren war. Er sagte, er wisse es nicht, er sei betrunken gewesen, und das Beil sei neben dem Mast gelegen. Das alles stimmte aber so nicht. Wie sich herausstellte, wollte der Dolfi weg vom Dorf in die Stadt. Das ging aber damals schon nicht mehr. Das durfte er nicht. Er war, wie wir alle auf dem Land, Mitglied im Reichsnährstand. Und da gab es ein Gesetz, das bestimmte, daß Leute, die in den letzten Jahren in der Landwirtschaft tätig gewesen waren, keine 'nichtlandwirtschaftliche Beschäftigung' annehmen dürfen. Damit wollten die Nazis verhindern, daß die Landarbeiter in die Städte abwanderten, wie das all die Jahre vorher geschehen war. Ohne genau geführtes Arbeitsbuch warst du damals aufgeschmissen. Das hatten die Nazis eingeführt. Und ohne dieses Arbeitsbuch bekam man nirgendwo Arbeit.

Den Neumanns hat es bei uns in der Sommerfrische gut gefallen. Die ließen sichs wohl sein, machten Wanderungen, fuhren mit dem Motorrad weg und waren an allem interessiert, was mit dem Hof zusammenhing. Die hatten überhaupt keine Scheu, gingen in den Kuhstall, standen vor dem Schweinekoben, stapften durch den Matsch. Sie waren unsere allerersten Feriengäste, und mit ihnen kam ein kleiner zusätzlicher Verdienst in die Kasse. Mit dem Geld kauften wir uns ein Radio, einen sogenannten 'Volksempfänger'.

Der Vater, der sich immer mehr in der Stube aufhielt, wurde ein eifriger Radiohörer. Stundenlang saß er vor dem Kasten. In letzter Zeit sprachen wir wieder miteinander. Wir wollten beide von dem gegenseitigen Groll wegkommen.

Vater ging's gesundheitlich wieder besser, was seinen Magen betraf. Aber es war deutlich zu sehen, daß seine alte Kraft dahin war. Nach Onkel Hannos Besuch mußte er sich ins Bett legen, er hatte Hexenschuß. Mutter rief mich und sagte, ich solle zu ihm hoch in die Schlafkammer gehen.

Der Vater lag im Bett, die Beine unter der Decke auf dicke Kopfkissen gelegt. Es war ein schöner Tag, das Fenster stand auf, und draußen sang ein Rotkehlchen. Bleich sah der Vater aus und er war noch magerer geworden. Wie ich ihn so liegen sah, zog es mir die Kehle zusammen. Die Mutter war aus der Stube gegangen, ich war allein mit ihm.

Es hat keinen Zweck mehr, ich bin zu krank, sagte er. Ich wollte etwas antworten, aber er machte eine Bewegung mit der Hand. Mach dort die Truhe auf, sagte er, und ich hob den Deckel der alten, bemalten Schlafstubentruhe. Links war ein abgetrenntes Fach und obenauf eine ovale Spanholzschachtel. Gib sie mir, sagte der Vater. Er zog den Deckel von der Schachtel und nahm dann die Taschenuhr heraus, die seit meiner Ersten Kommunion dort lag. Hier, sagte er, trag sie jetzt. Ich nahm die kleine Uhr in die Hand, sie kam mir schwer vor. Ihr könnt im Sommer heiraten, sagte der Vater, ich überschreib dir den Hof.

Jetzt ging alles sehr schnell, und auf einmal war eine Menge zu erledigen. Aber die Dinge gingen mir leicht von der Hand. Am schönsten war, daß Rita und ich uns nun gemeinsam freuen konnten. Alle Hindernisse waren aus dem Weg geräumt, endlich war ich mein eigener Herr.

Jeder auf dem Hof war erleichtert. Ich glaube, im Grunde auch der Vater, denn nun war eine schwere Last von ihm genommen. Leichtgefallen war ihm sein Entschluß sicher nicht. Wie ihm zumute gewesen sein muß, habe ich Jahre später verstanden, als es an mir war, den Hof an Hermann zu überschreiben.

Was als nächstes anstand, war ein offizieller Besuch bei den Schwiegereltern. Der wird mir ewig in Erinnerung bleiben, denn da passierte die Geschichte mit dem Henkel. Ich kannte die Pfaffs ja gut, sie waren unsere Nachbarn. Aufregend war dieser Besuch aber trotzdem. Rita kam mir auf dem Hof entgegen. Das war ein Bild, sowas vergißt man nicht. Wir hatten beide unsere besten Kleider an, uns war ganz feierlich zumute. Rita zeigte ein so strahlendes Gesicht, und sie sah so hübsch aus, wie sie vor mir stand, daß ich vor Glück Herzklopfen bekam.

In der Stube war alles gerichtet, ein schönes Vesper und ein Kaffee, es stand das gute Geschirr auf dem Tisch. Am Anfang war das Gespräch etwas mühsam, aber nach und nach haben wir die Scheu doch abgelegt. Vor allem Paul tat den Mund auf, und diesmal war ich ihm sogar dankbar dafür. Brigitte, Ritas Schwester, war recht still. Sonst erzählte und lachte sie immer viel, aber an diesem Abend war sie nicht wie sonst. Es ist lange her, daß wir an diesem Tisch saßen, deswegen kann ich es heute sagen: ich glaube, daß Brigitte ein Auge auf mich geworfen hatte, daß sie mich gern geheiratet hätte. Sie hat nie etwas gesagt, auch später nicht. Zwei Jahre darauf hat sie einen guten Mann gefunden, der aber gleich zu Anfang des Krieges gefallen ist.

So viele hat dieser schreckliche Krieg verschlungen, auch den Paul, der an diesem Abend wieder mal von den Herrlichkeiten der neuen Zeit schwärmte und wie genial der Führer das Land zu neuer Größe bringe. Der alte Pfaff mit seinem struppigen Schnauzbart saß da und nickte, und die Sandelbäurin schaute mich hinter ihren Brillengläsern freundlich an. Ich wußte, ich war ihr als Schwiegersohn recht.

Dann gab es Kuchen, Kaffee wurde eingeschenkt, die Tassen waren vom Feinsten, klein und zierlich. Heute bin ich ein alter Mann und eher ein 'Hämpfling', von meiner alten Kraft sieht man nichts mehr. Aber als junger Kerl war ich gut beieinander, ich hatte Kraft und Hände, die täglich zupackten. Ich besaß zwar keine solche Pranken wie unser Georg, aber breite Schaffhände. Und nun steckte mein rechter Zeigefinger im engen Henkel der Sonntagstasse, und ich brachte ihn nicht mehr raus.

Erst versuchte ich heimlich, meine Pratze von dieser blöden Tasse wegzukriegen, aber es war umsonst. Also behielt ich die Tasse erstmal an der Hand. Ich beugte mich hinunter und tat so, als würde ich auf den Kaffee blasen. In Wirklichkeit versuchte ich, meinen Finger mit Spucke anzufeuchten, um ihn besser rausziehen zu können. Es ging nicht. Ich konnte nicht mehr richtig zuhören, weil ich dauernd überlegte, wie ich die Tasse loswerden könnte. Schließlich merkten die anderen, was los war. Es war mir sehr peinlich. Sie standen um mich herum, die Tasse wurde gedreht, gezogen, gestoßen, eingefettet — es half alles nichts. Unsere normalen Tassen, sagte Paul, haben alle keine Henkel mehr, die sind alle abgebrochen im Laufe der Zeit. Zeig mal her! Er nahm die Tasse und riß dran, es machte knack! und der Henkel war ab und die vornehme Tasse hin.

Da es 'e rächt Hochzit' war, wurde ein Hochzeitslader gedungen, der sich auf den Weg zu den Bekannten im Umkreis machte. Es ging der Schermuser, der Drei-Tage-Seppli, als 'Hosdiglader', und da war er ganz in seinem Element. An unserer Hochzeit war die Familie fast vollzählig versammelt. Frieder mit Theresa und dem kleinen Markus waren gekommen, Elisabeth, Hilde (also Schwester Gertrudis, ich nannte sie insgeheim immer noch Hilde, ich hab mich nie an 'Schwester Gertrudis' gewöhnen können), Erwin und alle Onkel und Tanten, außer Onkel Hanno, der krank war.

Eine heikle Sache war die Einladung von Tante Antonia gewesen. Ich hatte vorher mit Mutter darüber gesprochen. Was diese Frau uns angetan hat! sagte die Mutter immer wieder und schüttelte den Kopf. Aber schließlich gab sie sich einen Stoß – dir zuliebe, sagte sie. Und so ist auf unserem Hochzeitsfoto, das Reinhold machte, zum letzten Mal unsere Sippe fast vollständig beieinander. Erwin war mit dem Montage-LKW und Bruno gekommen. Mich hat das gefreut, denn ich wußte, der Maler war nicht aufs Schmarotzen aus. Er saß mit seiner schiefen Baskenmütze in der Ecke und zeichnete; und die Hühner und Kühe, und der Kopf vom Otto und der Stumpen-Kunle lebten auf dem Papier weiter.

Unsere Hochzeit war ein riesiges Fest. Praktisch das ganze Dorf und alle Nachbarn nahmen daran teil – mit Ausnahme der Webers. Es war 'e Hosdig' mit 194 Gästen, die 'rächt' dabei waren, also persönlich eingeladen, und Gäste schon am Vormittag und bei der Trauung und dem Mittagessen. Dazu kamen später die Nachmittags- und Abendgäste, die ihre Zeche selbst bezahlten.

Ich war sehr aufgewühlt, als wir am Morgen des Hochzeitstages mit dem Landauer zu Pfaffs hinüberfuhren und ich den Bauern um die Hand seiner Tochter bat. Rita hat dann als Braut Abschied genommen von ihrem Elternhaus. Die Familien – die Stube war voll – standen mit Blick zum Herrgottswinkel, und dann sprachen der alte Pfaff und darauf die Bäurin ein langes Gebet mit der Bitte um Gottes Schutz und Segen.

Danach gingen wir zur Kirche. Das heißt, wir wollten. Auf der Straße oben hatten Kinder ein Seil über den Weg gespannt und verlangten, daß der Hochzitter 'ebbis hoppe loßt'. Das hat dann der Vater in Form von Fünfpfennigstücken getan. Getraut hat uns Pfarrer Haas, bei dem wir Wochen zuvor schon beim 'Sponsari', beim Eheunterricht, gewesen waren.

Die Messe in der Kirche wird mir unvergeßlich bleiben. Meine Rita war eine so schöne Braut! In ihrer Festtagstracht mit der reichen Bunt- und Goldstickerei und dem weißen Hochzeitskranz sah sie aus wie eine Fürstin. Bei der Predigt von Pfarrer Haas liefen unserer Mutter die Tränen übers Gesicht. Ich kann mich nicht erinnern, daß ich sie vorher jemals hab weinen sehen. Lehrer Hofheinz dirigierte den Kirchenchor, für den Tante Irmela meine Lieblingslieder zusammengestellt hatte. Das Solo sang eine junge Frau aus der Stadt mit einer wunderbaren Stimme. Als ich Rita den Ring ansteckte, war meine Hand ganz ruhig. Dann schob mir

Rita den goldenen Reif über den Finger, und das war der Moment, wo ich mich wirklich mit ihr verbunden fühlte 'bis daß der Tod euch scheidet'.

Am Tag vorher war die standesamtliche Trauung gewesen, bei der Paul seinen Auftritt hatte. Der halbe SA-Sturm war anwesend, Adam Dörle, Josef, auch der Benneter-Toni, der als Ortsbauernführer gratulierte und uns dabei wissen ließ, daß bei ihm Nachwuchs unterwegs sei. Unterm Arm trug ich Hitlers 'Mein Kampf'. Das Buch hatten wir auf dem Standesamt vom Staat zur Hochzeit geschenkt bekommen. Benneter deutete drauf und sagte: Lesen!

Auf der anderen Straßenseite stand ein Leierkastenmann und spielte seine Drehorgel. Das war Zufall, das hatte mit uns nichts zu tun. Das Lied, das er spielte, mochte ich. Als ich mit Rita am Arm aus dem Rathaus kam und es jetzt hörte, kam es mir wie eine Mahnung vor. 'Mamatschi, schenk mir ein Pferdchen, ein Pferdchen wär mein Paradies...'

Die Hochzeit und die Hofübergabe standen unter einem guten Stern. So empfand ich es damals, und so kann ich es auch rückblickend sagen. Es war ein großes Glück für uns, daß es bei der Erbteilung kein böses Blut gab. Das Erbgeld wurde vorläufig auf dem Hof stehengelassen. Erwin war gereizt, das spürte ich. Und ich nahm es ihm weiß Gott nicht übel. Ich wußte, daß er ebenfalls gern den Hof übernommen hätte. Aber letzten Endes hat er Vaters Entscheidung akzeptiert. Bei Frieder war klar: er wollte immer weg vom Hof, ihn zog es fort. Für Georg wiederum blieb ich 'der Kleine', dem der Hof zustand. Er war der Herr auf der Sägmühle, und damit war er in Einklang. Und die Schwestern? Hilde hatte ihren Platz im Kloster gewählt, und Elisabeth fühlte sich wohl in der 'vornehmen Stadt'.

Das Schicksal der 'weichenden Erben', wie sie bei uns heißen, ist hart. Hat früher der 'Hofengel' den Hof übernommen und den Erben ihren Anteil am Hof ausbezahlt (wenn er es konnte), konnten sie entweder den Hof verlassen und sich als Knechte irgendwo verdingen, oder sie konnten als Knechte und Mägde dem Bruder dienen. Das war allemal ein bitteres Los. Auch in den dreißiger Jahren war diese 'Regelung' noch allgemein üblich. Dadurch, daß unser Vater drauf schaute, daß alle seine Söhne einen Beruf erlernten, gab er ihnen von vornherein ein Stück mehr Selbständigkeit – auch gegenüber dem Hoferben.

Der Betrieb lief damals gut. Wir konnten sogar eine kleine Hochzeitsreise machen. (Hermann und Johanna haben das bis heute nicht geschafft.) Am Tag nach der Hochzeit fuhr uns Herr Neumann mit seinem Motorrad mit Beiwagen zur Bahn nach Freiburg. Das war ein zusätzliches Hochzeitsgeschenk von ihm. Beinahe wäre aus der Fahrt nichts geworden, denn plötzlich wollte die Maschine nicht mehr anspringen. Neumann kannte sich zwar einigermaßen mit seinem Motorrad aus, aber diesmal war für ihn der Defekt nicht zu finden. Zufällig war Franzens taubstummer Bruder Engelbert auf dem Hof. Der Engelbert war ein technisches Genie. Wir holten ihn immer, wenn an einem unserer Geräte oder

Der Hochzeitswagen – die Möbel der Braut. In der Mitte Rita, links Paul, rechts ihr Vater.

Maschinen etwas zu reparieren war. Auch diesmal fand er – nach längerem Suchen – die Störung. Wir bedankten uns: dafür mußte man sich vor ihn hinstellen und langsam und deutlich sprechen. Engelbert nahm es entgegen, strahlend wie ein Honigkuchenpferd.

Die Fallers und die Pfaffs waren alle im Hof versammelt, als Rita und ich das vollbepackte Motorrad bestiegen. Man hätte meinen können, wir wollten auswandern, so ein Abschied war das. Herr Neumann hieß uns die Motorradbrillen aufsetzen, die damals als besonders schick galten. Helme gabs noch keine, nur Lederhauben mit Ohrenklappen. Kommt gesund wieder, sagte die Mutter, und die Pfaff-Schwiegermutter bekreuzigte sich. Brigitte stand mit verschränkten Armen abseits. Paul steckte mir noch den 'Völkischen Beobachter' als Lesestoff zu.

Die Hochzeitsreise sollte für Rita und mich die einzige gemeinsame Reise sein für viele Jahre. Wir fuhren zuerst nach Karlsruhe, wo wir Verwandte Ritas besuchten, und am nächsten Tag weiter zu Onkel Hanno nach Stuttgart. Von Stuttgart gings an den Bodensee, wo wir zwei Tage blieben. Nach fünf Tagen waren wir wieder daheim.

Ich war nun Bauer und verheiratet, und Rita erwartete ein Kind. Die Eltern zogen ins Leibgeding, das renoviert worden war. Das alles waren große Veränderungen, ein 'neuer Lebensabschnitt', wie man sagt.

Rita freute sich auf das Kind. Der Hof stand, wie gesagt, gut da, vor allem der Verkauf der zweijährigen Kalbinnen, die wir aufzogen, brachte was ein. Von einem 'blühenden Land' sprachen auch die Nationalsozialisten. Sie feierten ihre Erfolge. Die Olympischen Spiele, die in diesem Sommer in Berlin stattfanden, waren für sie ein Höhepunkt.

Unser Vater saß die ganze Zeit in der Stube vor dem Radio und hörte sich die Übertragungen aus Berlin an. Das Radio hatte es ihm angetan. (Den Volksempfänger habe ich immer noch.) Alle waren begeistert, das Ausland lobte die neue

Ordnung in Deutschland, und die französische Olympiamannschaft marschierte sogar mit dem Hitlergruß ins Stadion ein.

Onkel Bertram kam und meldete seinen Olympiasieg (wie er es nannte), die Geburt der Tochter Rosa. Rosmarie? fragte Tante Alma. Nein, Rosa, sagte Onkel Bertram und lächelte. Bertram hatte übrigens auch für den Trubert Dolfi ein Wort eingelegt und dem Bürgermeister gegenüber im Falle Dolfis von 'gesundem deutschem Bauernblut' gesprochen. Es hatte wohl auch noch andere Fürsprachen gegeben, und so mußte Dolfi als Taglöhner im Gemeindewald den Flaggenmast-Schaden abarbeiten, zu einer Anzeige kam es nicht. Er wußte, daß er noch einmal mit einem blauen Auge davongekommen war.

'Mit einem blauen Auge davongekommen' – das konnten wir dann auch den Hof betreffend sagen. Es stellte sich nämlich heraus, daß wir die Tuberkulose im Stall hatten.

Die Tb – oder Schwindsucht, wie sie bei uns hieß – war damals sehr verbreitet. Es gab einen neuen Bezirkstierarzt, er hieß Spohn, das war ein hagerer Mann, der nicht viel redete. Er war es, der von der Behörde aus in Abständen den Viehbestand auf jedem Hof untersuchte. Er schob den Kühen ein Gestell ins Maul, eine Maulsperre, und holte nun mit einem sogenannten 'Schleimfänger' etwas Speichel hervor. Der kam in ein kleines Gläschen und wurde, mit dem Namen der Kuh versehen, ans Institut nach Freiburg geschickt. Alle Tiere durchzumachen, das war eine mühsame und aufwendige Prozedur, aber den Test mit der Spritze, bei dem an einer Quaddel zu sehen ist, ob das Tier Tuberkulose hat, kannte man vor dem Krieg noch nicht.

Die Untersuchung ergab, daß zwei Kühe Tb hatten. Spohn knipste ihnen als Kennzeichnung ein Loch ins Ohr, und ab sofort durfte deren Milch nicht mehr verwendet werden. Die Kühe blieben aber vorläufig im Stall, nur war es ratsam, sie so bald wie möglich zu verkaufen – und natürlich erbrachten sie weniger als gesunde Tiere. (Die sofortige Tötung der Tiere wurde damals noch nicht praktiziert.) Auf den anderen Höfen sah es nicht anders aus, kaum einer, bei dem nicht ein Tier von Tb befallen war. Auf Anraten des Tierarztes schafften wir die Hühner, die wir bis dahin im Kuhstall gehalten hatten, hinaus, die Übertragungsgefahr durch Geflügeltuberkulose war zu groß. Für die Hühner wurde ein extra Stall gebaut.

Das alles zog sich über Wochen hin. Die Abschaffung der von Tb befallenen Kühe war zwar bitter und ein finanzieller Verlust, aber da die Heuernte recht mager ausgefallen war, hatte ich sowieso daran gedacht, den Viehbestand vorübergehend zu verkleinern.

Gerade in dieser Zeit feierten sie die Spiele. Mir konnte das ganze Olympia gestohlen bleiben. Ich seh noch, wie der Dr. Spohn in seinem weißen Kittel aus dem Stall kommt, die kleinen Fläschchen mit dem Speichel in einer Schachtel, und gleichzeitig aus dem Radio die Siegesfanfaren aus Berlin scheppern und die laute Stimme eines aufgeregten Reporters zu hören ist.

Wir konnten von Glück sagen, daß wir nicht mehr als zwei Tiere verloren. Es war fast ein Wunder, daß sich nicht mehr Tiere angesteckt hatten. Die Ställe wurden desinfiziert und anschließend mit Kalk gestrichen. Der Zufall wollte es, daß zur gleichen Zeit die kleine Hedi ein Hufeisen fand. Das hab ich, als alles vorbei war, an die Stalltür genagelt.

Hermann kam im Winter zur Welt, und die Hebamme machte sich mit Skiern auf den Weg zu uns. Es war die erste Geburt auf dem neugebauten Hof. Da Maria ebenfalls schwanger war, mußte sie etwas langsamer tun, es blieb aber trotzdem keine Arbeit liegen. Wir hatten nämlich in dieser Zeit ein BDM-Mädchen im Haus, die Inge, die ihr 'Landjahr' bei uns machte und sehr tüchtig war. Sie kam aus dem Schwäbischen und sprach, 'wie ihr der Schnabel gewachsen war', und der war halt schwäbisch gewachsen und der unsere alemannisch, so daß wir uns gegenseitig des öfteren ein Wort ins Hochdeutsche übersetzen mußten.

Hermanns Geburt war schwer. Rita stöhnte und schrie, daß es kaum auszuhalten war. Es zog sich hin, das Kind wollte und wollte nicht kommen. Die Hebamme schickte mich weg. Es war Sonntag, und ich ging mit Georg ein Stück dem Wald zu. Es schneite, Bäume und Felder bedeckte eine dicke Schneeschicht. Die Kälte und das Gehen taten mir gut.

Georg stapfte schweigend neben mir. Ich spürte, daß er etwas auf dem Herzen hatte. Aber er wußte, wie aufgeregt ich war und mit den Gedanken ganz bei Rita und dem Kind, deshalb sagte er nichts. Ich fragte ihn, ob es etwas Besonderes gebe. Er erzählte, daß man herausgefunden habe, daß

Eine ältere Aufnahme unseres Hofes im Winter.

Kathrin keine Halbjüdin, sondern nur eine Vierteljüdin sei. Weil nur einer ihrer Großväter Jude sei. Damit sei sie 'Mischling zweiten Grades' und könne heiraten. Ich sagte Georg, das sei doch schön, jetzt stünde ihrer Hochzeit nichts mehr im Wege. 'Ja schon', sagte er und schüttelte den Kopf. 'Dieses Zeug mit der Rasse und den Juden, ich versteh das nicht. Das ist doch nicht recht.' 'Georg, das meine ich auch', sagte ich, 'aber das behältst du am besten für dich.'

Es war ein seltsamer Spaziergang. Der Georg, der sich eigentlich freuen konnte, weil seine Braut 'nur' Mischling zweiten Grades war, den die Rassen-Geschichte aber nachdenklich und bedrückt gemacht hatte. Und meine Aufregung und

Vorfreude auf das Kind! Damals wußte man ja vorher nie, ob es ein Junge oder ein Mädchen wird. Ein böser Spruch der Bauern war (und da gab es noch mehr solcher Sprüche): 'Weniger als ein Mädchen kanns nicht geben.'

Als wir zum Hof zurückkamen, erfüllte eine andere Art von Schreien das Haus. Ich stürmte in die Schlafkammer hoch. Erschöpft und müde lächelnd hielt Rita den Buben im Arm. Beiden ging es gut, aber Rita war fix und fertig. Es rührte mich, sie so zu sehen. Ich hab mir damals geschworen: noch ein Kind gibt's nicht. Noch einmal kann ich der Rita das nicht antun. Ich hab das dann bei der nächsten Beichte auch Pfarrer Haas gesagt, der aber wurde fuchsteufelswild und hat mich einen Deppen geschimpft. Mann und Frau, hat er erklärt, sind Werkzeuge Gottes, und ein Kind ist ein großes Geschenk.

Es gab viel Besuch in der darauffolgenden Zeit. 'Ins Kindbett gan', heißt das bei uns, und die Wöchnerin beschenkt man mit dem Kindbettwecken. Der Hermann war aber auch ein Kind zum Vorzeigen, ein richtiger Wonneproppen. Ich war mächtig stolz auf den kleinen Kerl. Von allen Seiten wurde er verwöhnt. Der Vater, der zu uns Kindern so streng gewesen war, entdeckte bei ihm sein weiches Herz.

Daß freilich auch noch der alte Faller in ihm steckte, zeigte sich, als es um den Verkauf der Immen-Wiese ging. Die hieß so, weil dort vor langer Zeit einmal Bienenstöcke gestanden waren. Der Pfaff-Schwiegervater wollte diese kleine Wiese, die an sein Grundstück anschloß, kaufen. Das wäre für ihn von Vorteil gewesen, er hätte dann seinen Kartoffelacker entsprechend vergrößern können. Hab ich's nicht gesagt? ereiferte sich der Vater, hab ich's nicht gesagt? Er ist nur auf unser Sach aus!

Jetzt war die Immen-Wiese aber eigentlich gar keine Wiese, sondern nur ein dürftiger Grasacker. Uns hat dieses Stückchen Land nie viel gebracht, es lag ungünstig, weil sich ein Keil Wald dazwischenschob. Der alte Pfaff bot einen guten Preis, und ich sagte, ich würde ihm die Wiese geben. Der Vater tobte. Ich hatte ganz vergessen, daß er so bösartig werden konnte. Auf der einen Seite wollte ich keinen Streit mit ihm und ihn nicht aufregen, auf der anderen Seite wollte ich mir auch nicht dauernd von ihm dreinreden lassen. Die Mutter machte den Vorschlag, das Geld für die Wiese dem Erwin zu geben.

Erwin hatte nämlich die Möglichkeit, sich an der Autowerkstatt zu beteiligen. Die Arbeit gefiel ihm, und mit dem Chef verstand er sich gut . Der Betrieb lief bestens, aber dem Besitzer fehlte es an Geld, um das Geschäft auszubauen. Erwin hatte schon einige Male auf sein Erbteil angespielt, aber er war nie klar damit rausgerückt, was er eigentlich wollte. Nun gab es für die Wiese keinen Riesenbatzen, aber die Summe war groß genug, um ihm eine Teilhaberschaft zu ermöglichen. Am Ende war auch der Vater mit dieser Regelung einverstanden.

Erwin kam immer wieder einmal mit seinem Freund Bruno auf den Hof – besonders als die Inge, das BDM-Mädchen, noch da war. In die hatte er sich verguckt, aber sie wollte von ihm nichts wissen. Es gibt ein Bild aus diesen Tagen, da sind wir alle noch einmal versammelt, mitsamt der Inge und dem Bruno mit der Baskenmütze. Das Bild hat Reinhold gemacht, der besaß seit einiger Zeit einen alten Fotoapparat, mit dem er eifrig knipste.

Alle sind drauf: Onkel Ludwig und Tante Martha mit der Hedi (der sie mit der Brennschere prächtige Locken gedreht hatten), Onkel Bertram und Tante Bettina mit Konrad und der winzigen Rosa im Steckkissen. Konrad mit Posaune, denn der war jetzt beim Fanfarenzug der HJ. In der Mitte Rita und ich, Rita mit dem 'Hermännle' auf dem Arm. Dann die Großeltern und Georg, Alma und Irmela mit Mann. Warum auf dem Foto außerdem eine riesige Tuba im Hintergrund ist, weiß ich nicht mehr.

Hermann mit Papas Uniform-Mütze.

1938 war Reinhold mit der Fotografenlehre fertig und wurde zum Arbeitsdienst eingezogen. Der begann, sobald man achtzehn war und dauerte ein halbes Jahr. Die Arbeitsdienstler entwässerten Wiesen, bauten Straßen und begradigten Flüsse. Dafür bekamen sie 25 Pfennig am Tag. Reinhold schrieb begeisterte Postkarten nach Hause, feierte doch der 'Führer' neue Triumphe. Schwager Paul kriegte sich überhaupt nicht mehr: nach dem Anschluß Österreichs hißte er aus dem obersten Fenster des Lindenhofes die Hakenkreuzfahne.

Dabei ging es den Leuten doch so gut auch wieder nicht. Franz kam und erzählte. (Wir kannten uns jetzt so viele Jahre und waren erwachsen, aber wir hatten immer noch die Angewohnheit, uns mit den Ellenbogen anzustupsen.) Er hatte ein Mädchen kennengelernt, sie wollten zusammenbleiben, aber an Heirat war nicht zu denken. Er konnte mit seinem Gesellenlohn keine Familie ernähren. Er verdiente 15 Mark in der Woche bei freier Kost und Wohnung. Wie davon eine eigene Wohnung bezahlen, Möbel anschaffen...?

1938 kam Heinz zur Welt. Seine Geburt verlief wesentlich unkomplizierter, es schien fast, als habe er es eilig, auf die Welt zu kommen. Keine Rede mehr davon, 'sowas' der Rita nicht mehr anzutun. (Als ich ihr von meinem Vorsatz nach Hermanns schwerer Geburt erzählt hatte, hat sie nur gelächelt.) Die Kinder machten uns viel Freude. Maria erschien mit ihrem 'Boppele', und im Spätsommer wurde ich noch einmal Onkel: Frieder und Theresa bekamen ihre Trude.

Gegen Ende des Jahres kehrte das Sudetenland 'heim ins Reich'. Wir waren tief beeindruckt von dem, was der 'Führer' alles erreichte. Georg verkündete der Familie, daß Kathrin und er beschlossen hätten, an Weihnachten zu heiraten. 'So.' Das war alles, was der Vater dazu sagte.

Ich weiß noch, ich war im Dorf gewesen und hatte Tante Irmela besucht. Ich hatte ihren neuen Vogel bewundern müssen, einen Papagei, der sprechen konnte, aber nur ein Wort, nämlich 'Sauhund'. Das war Tante Irmela arg, aber dafür konnte sie jetzt dem Papagei dauernd mit ihrem Lieblingssatz kommen: Sowas sagt man nicht!

Als ich zu Hause nach Georg fragte, weil ich mit ihm etwas zu bereden hatte, hieß es: Georg liegt im Bett. Ich erschrak gehörig, als ich meinen Bruder im Bett liegen sah, und das am Nachmittag um sechs. Denn Georg war nie krank.

Er war in den letzten Tagen, zusammen mit dem Dolfi, der jetzt öfters auf der Säge half, im Wald gewesen, und sie hatten Fichtenstämme geschlagen und entrindet und Holz geschleift. Das war eine schwere Arbeit, und man kam dabei tüchtig ins Schwitzen. Seit heute früh, sagte die Mutter, hat er Schmerzen in der Brust. Sobald er schnauft, tuts weh. Er hatte sich den ganzen Tag auf der Säge rumgequält und als er um fünf heimkam, gleich ins Bett gelegt. Er genierte sich, als ich in seine Stube kam und er im Bett lag. Dieser verdammte Husten, sagte er. Morgen ist es besser, da machen wir weiter. Die Gerti (das war unser Küchen-Maidli) soll mir noch einen Tee mit Honig bringen.

Am andern Tag war an Aufstehen nicht zu denken. Georg hatte Fieber, sein Gesicht glühte. Dann mußt halt du mit dem Dolfi sägen, sagte er zu mir. Ich hab dem Jäckle die Bohlen bis Freitag versprochen. Die Mutter kam und machte ihm Wickel für die Schmerzen in der Brust. Erst wehrte er ab, aber dann ließ er sie doch machen. Als die Mutter wieder runterkam, sagte sie zu mir: Hol den Doktor. Als der Dr. Weiss nach der Untersuchung zu uns in die Stube trat, sah ich seinem Gesicht an, daß es was Ernstes war. Er hat eine doppelseitige Lungenentzündung, sagte der Arzt.

Jeder wußte, was Lungenentzündung für eine gefährliche Krankheit war. Damals gab es noch kein wirksames Mittel dagegen. An diesem Tag stieg das Fieber steil an. Georg lag auf der Seite und wagte nicht zu husten, weil ihm das große Schmerzen bereitete. Man ließ ihn inhalieren. Mutter kümmerte sich um ihn.

Der Doktor hatte bestimmt, Kinder von dem Kranken fernzuhalten, auch Rita durfte nicht zu ihm, es bestand Ansteckungsgefahr. Nach jedem Besuch mußten wir uns die Hände waschen. Das Zimmer wurde regelmäßig gelüftet. Das Fieber stieg auf neununddreißig, dann vierzig Grad. Georg schien zu brennen, er phantasierte laut. Wir machten ihm Wadenwickel, um das Fieber runterzubekommen. Nachts wechselten wir uns an seinem Bett ab, legten ihm kalte Kompressen auf die Stirn.

Georg ging es schlecht, es war nicht zu verkennen. Sein Gesicht war grau, dann wieder hochrot, die Nasenflügel waren aufgebläht und bewegten sich beim Atmen. Zwischendurch gab es Momente, in denen er klar war und etwas aß. Er sprach von der Säge, es bedrückte ihn, daß der Auftrag liegenblieb. Ich sagte, ich kümmere mich darum, Georg, ich säg es mit dem Dolfi, mach dir keine Sorgen.

In den ersten Tagen hatte er nicht gewollt, daß Kathrin etwas von seiner Krankheit erfährt. Später sagte er im Fieber immer wieder ihren Namen. Ich schickte die Gerti zum Löwen hoch. Aber die Kathrin war mit ihrem Kind für zwei Tage zur Mutter gefahren.

Dr. Weiss sagte, er könne nichts machen, die Medikamente würden nicht anschlagen. Alles hänge jetzt von der Konstitution und dem Lebenswillen des Patienten ab. Georg lag unter dicken Zudecken, doch mitunter fror er so, daß seine Zähne aufeinanderschlugen. Wenn er einschlief, sank das Fieber, dafür schwitzte er nach dem Aufwachen Hemd und Laken naß. Das ist gut, sagte der Arzt. Wir schöpften wieder Hoffnung. Draußen schneite es, die Welt war weiß, kalt, Weihnachten stand vor der Tür. In der Stube heizte ein kleiner Kanonenofen, den wir nicht ausgehen ließen.

Jeden Abend beteten wir vor dem Essen für Georg, und am Sonntag zündeten wir in der Kirche eine Kerze für ihn an. Dr. Weiss kam jeden Tag. Doch er war so hilflos wie wir. Mutter machte weiter Wadenwickel, aber das Fieber sank nicht. Ich sah Georgs Hände auf der Bettdecke und erschrak. Innerhalb weniger Tage waren seine Hände abgemagert.

Das Fieber blieb hoch. Georg warf den Kopf hin und her und bewegte die Lippen. Die Atemnot war das schlimmste. Zu hören, wie er Luft zu bekommen versuchte. Die Mutter saß neben ihm und legte ihm feuchte Tücher auf die Stirn. Sie aß und schlief kaum noch.

Am fünften Tag kam Kathrin durch den Schnee gehetzt. Als sie an Georgs Bett stand, fing sie an zu weinen. Er erkannte sie, aber er sagte schon nichts mehr. Sie hielt seine Hand, und er verzog ein wenig das Gesicht.

Vor der Tür sagte der Vater zu mir: Schaff das Weib weg, die hat hier nichts zu suchen. Ich sah ihn an und brachte kein Wort heraus. Er stieß mit dem Stock auf den Boden und stieg langsam die Treppen hinunter. Ich setzte mich im Gang auf die Truhe und es war mir, als müßte mir das Herz zerspringen.

Am nächsten Morgen sah es so aus, als würde ein Umschwung eintreten. Das Fieber ging zurück und Georg aß etwas Suppe. Er sagte, er fühle sich schwach, aber besser. Am Abend kam es noch einmal zu einem Auftritt mit dem Vater. Der Vater hatte die Kathrin kommen sehen und den Hund auf sie gehetzt. Kathrin stand drüben am Spicher, der Hund knurrend vor ihr. Sie rief meinen Namen. Vater schaute aus der Stalltür und fuchtelte mit dem Stock. Ich nahm Kathrin an der Hand und führte sie ins Haus. Sie war völlig verzweifelt und aufgelöst. Im Hausgang wischte sie sich übers Gesicht und ging dann zu Georg ins Zimmer. Wir anderen entfernten uns und ließen die beiden eine Weile allein.

Vierundzwanzig Stunden später waren Georgs Kräfte verbraucht, sein Gesicht war aschgrau. Der Atem ging kurz und stoßweise wie eine Maschine. Er lag jetzt auf dem Rücken, die Lider einen kleinen Spalt geöffnet. Die Hände rutschten auf der Bettdecke umher, als suchten sie etwas.

Pfarrer Haas kam, Otto hatte ihn mit dem Schlitten geholt. Neben Georgs Bett brannte die Lichtmeßkerze. Georg erhielt die Letzte Ölung. Pfarrer Haas legte die

Eine Aufnahme vom Herrgottswinkel.

Hand auf seine Stirn. Wir anderen standen schweigend, jeder betete für sich. Zu hören war nur Georgs kurzer Atem. Der Pfarrer salbte Georgs Stirn. 'Durch diese heilige Salbung helfe dir der Herr in seinem Erbarmen, er stehe dir bei mit der Kraft des Heiligen Geistes.' Und seltsam: Georgs Hände waren zur Ruhe gekommen. Pfarrer Haas betupfte seine Hände und sagte: 'Der Herr, der dich von Sünden befreit, rette dich, in seiner Gnade richte er dich auf.' Ein leises Amen ging durch den Raum.

An diesem Nachmittag noch ist Georg gestorben.

Soldat

Das Leben geht weiter. Wie oft habe ich diesen Spruch in den folgenden Jahren gehört! Er sagt sich so leicht. Aber das Leben, das weitergeht, hat sich verändert. Georgs Tod war ein furchtbarer Schlag. Die erste Zeit liefen wir umher wie betäubt. Er fehlte uns sehr.

Er ist so früh gestorben – noch nicht einmal vierzig Jahre alt. Gut, daß wir nicht in die Zukunft sehen konnten: zwei, drei Jahre später war der Tod eines jungen Menschen etwas Alltägliches.

Aber noch war Frieden. Es war Winter, ein langer, harter Winter. Mit acht Pferden mußte der Bahnschlitten bespannt werden, der die Straßen zum Ort freipflügte. Auf Georgs Grab lag eine dicke Schneeschicht. An einem Sonntag traf ich Kathrin auf dem Friedhof, an der Hand ihren kleinen Buben. Sie war gekommen, um Lebewohl zu sagen. Sie zog nach Bühl zu ihrer Schwester. Der Mann hatte eine Metzgerei, und dort konnte sie arbeiten.

1939 war der letzte Friedenssommer. Im September sollte in Nürnberg der sogenannte 'Reichsparteitag des Friedens' stattfinden. Konrad war schon aufgeregt, denn er sollte als HJ-Scharführer dabeisein. Hedi beneidete ihn darum. Nur Lioba, ihre Freundin, zuckte mit den Schultern. Mit ihren schwarzen offenen Haaren war sie nicht gerade das, was damals als 'blondes Mädel-Ideal' hochgehalten wurde. Ich erinnere mich, das war bei uns auf dem Hof, als Konrad von seiner geplanten Nürnberg-Reise erzählte. Wir standen um das Zicklein herum, das ich dummerweise gekauft hatte. Manchmal spielte der Schermuser-Seppli den Viehhändler und vermittelte einen Kauf. Mir hatte er einen Geißbock als Geburtstagsgeschenk für den kleinen Hermann aufgeschwatzt. Alle riefen ah und oh, streichelten das schneeweiße Fell des Böckleins und fan-

Reinhold mit HJ-Freunden beim 'Arbeitseinsatz'.

den es lieb. Aber 'Mecki' wurde schnell größer und immer weniger lieb. Er war überall dort, wo er nicht sein sollte, stieß Töpfe und Kannen um und liebte es, einem ins Kreuz zu springen. Tante Alma boxte er so, daß sie stolperte und im Misthaufen landete. Er kam gerade noch einmal mit dem Leben davon, denn Alma warf die Mistgabel nach ihm und verfehlte ihn nur knapp. Ich war in der Zwickmühle. Ich konnte ihn nicht schlachten, weil ich Hermann doch versprochen hatte, daß es ganz allein sein Geißbock ist.

Als wüßte er, um was es ging, war er zum Hermännle lammfromm. Ließ sich von ihm streicheln und am Fell ziehen. Hermann hing an seinem Mecki, und es war nicht dran zu denken, ihn abzuschaffen. Er fühlte sich sicher unter Hermanns Schutz. Hermann brach nämlich in ein fürchterliches Geschrei aus, wenn man Mecki einsperrte. Der trieb sein Unwesen so weit, daß Rita abends im Bett gebetet hat: er soll wenigstens in den Bach fallen.

Im September gab es dann keinen 'Parteitag des Friedens', im September gab es Krieg. Niemand war begeistert. Vater schüttelte den Kopf. Er war ein großer Hitler-Anhänger, aber daß die Polen Deutschland den Krieg aufgezwungen hätten, wie im Radio behauptet wurde, daran glaubte er nicht. Der Benneter-Toni und der Paul Pfaff waren die einzigen, die 'den Schlag gegen Polen' bejubelten.
Ich machte mir keine großen Gedanken. Ich dachte, ich bin der Bauer, mich können sie nicht holen. Ich war zwar letztes Jahr gemustert worden, aber das hatte nicht viel zu sagen. Rita und Mutter hatten Angst vor dem Krieg und davor, daß ich eingezogen werden könnte. Ach was, sagte ich, bevor ich eingezogen werde, ist der Krieg vorbei.
Dann ging alles sehr schnell. Ich wurde nicht freigestellt. Im Februar 1940 erhielt ich den Gestellungsbefehl. Ich war wie vor den Kopf geschlagen. Als ich mich auf dem Wehrbezirkskommando erkundigte, wie es mit dem Hof ohne mich weitergehen soll, hieß es: was wollen Sie denn, ihr Vater ist doch noch da. Viel später habe ich erfahren, daß der Ortsbauernführer meine Einberufung befürwortet hatte. Der hatte auch bestimmt, daß uns der Sohn vom Zimmermann-Hof bei der Heiwet und der Fruchternte helfen sollte.
Gleich nach Kriegsbeginn wurden bei den Bauern auch die Pferde gemustert. Bei uns wurde der 'Fuchs' eingezogen. Das alles lief unter der Parole: 'Opfer bringen für das große Ganze.' Ich kam zur Infanterie, ich war gezogen für 'bespannte Einheiten'. Nach den zehn Wochen Grundausbildung in Kornwestheim ging es zunächst mit dem Ersatzbataillon 460 in den Osten, nach Ravitsch, zur Fahrerausbildung. Da lernten wir von Grund auf mit Pferden und Fahrzeugen umzugehen. Reiten, Lenken vom Bock, Lenken vom Sattel, Fahrunterricht vierspännig, sechsspännig, achtspännig. Manches kannte ich, manches war neu.
In dieser Zeit ging es mir nicht gut, ich war deprimiert. Ich machte mir Sorgen um Frau und Kinder und um den Hof. Die Arbeit mit den Pferden lenkte mich ein wenig ab. Dann war der Frankreichfeldzug vorbei und es hieß, diejenigen, die in der Landwirtschaft sind, können eine Eingabe machen und auf Zeit entlassen werden. Gewehr und Uniform müssen sie nach Hause mitnehmen.
Ich kam gerade recht zur Heiwet. Die Freude und die Überraschung waren groß, denn ich hatte mein Kommen nicht angekündigt. Hermann und der kleine Heinz staunten über den Papa in Uniform − und Herko verbellte mich, weil er mich nicht erkannte.

Es tat so gut, wieder auf dem Feld zu arbeiten! Das Wetter hielt, wir kamen mit der Arbeit schnell voran. Mähder waren knapp, viele Männer eingezogen. Auch Erwin und Franz waren einberufen worden. Ebenso Reinhold. Der besuchte uns – in Uniform. Er war bei der Infanterie und mächtig stolz auf sein Soldatsein. Frieder war nicht gezogen, der war uk gestellt, weil er in einem 'kriegswichtigen Betrieb' arbeitete (für die 'Organisation Todt'). Auch Otto war noch da, was mich beruhigte. Denn der Vater war alt geworden, es fehlte ihm mehr und mehr an Kraft.

Nach sechs Wochen kam der Bescheid, mich wieder bei meinem Bataillon einzufinden. Das lag jetzt in Baden-Oos. Dieses Abschiednehmen...! Man wußte nie, ob man Frau und Kinder und Eltern je wiedersehen würde, ob dieser Blick auf den Hof der letzte war.

Vater brachte mich mit der Chaise zum Bahnhof. Er war bedrückt. Seltsam: alle feierten die deutschen Siege und waren überzeugt, daß es so weitergehen werde. Ich auch. Der alte Mann aber neben mir, der den Ersten Weltkrieg noch gut in Erinnerung hatte, war skeptisch. Vor einem Jahr wäre er beinahe in die NSDAP eingetreten, jetzt nannte er den Krieg einen Fehler.

Als wir uns auf dem Bahnsteig gegenüberstanden, sah ich, wie schmal er geworden war. Er umarmte mich, was er noch nicht oft getan hatte. 'Gott beschütze dich, Wilhelm, komm gesund wieder.'

Hedi (in der Mitte) als BDM-Mädchen.

In Baden-Oos war unser Bataillon geteilt und ein Teil abgezogen worden. Die älteren Fahrer blieben. Darunter auch ich. Alle sechs bis acht Wochen kamen jetzt neue Rekruten, und wir mußten sie mit den Pferden vertraut machen. Offiziell erteilten der Unteroffizier und sein Stellvertreter, der Futtermeister, Fahr- und Reitunterricht. In der Praxis sah es anders aus. Die beiden waren stinkfaul. Das bedeutete, ich und ein anderer erteilten Fahr- und Reitunterricht, und der Unteroffizier und sein Futtermeister lagen auf der Pritsche und ließen den lieben Gott einen guten Mann sein. Im ersten Brief, den ich von Rita in Baden-Oos erhielt, teilte sie mir mit, daß sie wieder schwanger war. Ich war voller Freude, aber auch voller Unruhe, weil ich nicht bei ihr sein konnte und weil ich nicht wußte, ob ich das Kind je zu Gesicht bekommen würde.

Im Frühjahr 1941 wurde unsere Einheit nach Nancy verlegt. Frankreich war eingenommen, und den Franzosen waren die besten Pferde weggenommen worden. Zwei Drittel unserer Militärpferde waren französische. Den Bauern hatte man die schlechtesten Rösser gelassen, manche hatten gar keine mehr. Das Frühjahr kam, und die Arbeit auf den Feldern begann, und nun erschienen die Bauern und fragten, ob sie nicht wieder ein Pferd haben könnten. Es wurde viel getrickst. Die

Bauern schmierten die Offiziere, um bessere Pferde zu bekommen. Gute Pferde waren Mangelware. (Sonst bekamen die Bauern Rösser aus dem Pferdelazarett.) Ich wurde mit zwei guten Pferden, auf die ich offiziell aufzupassen hatte, zu einem Bauern in der Nähe abgestellt. Der Bauer sprach perfekt deutsch. Seine Frau war eine Französin aus dem Süden und eine Deutschenhasserin. Mit dem Hugo war ich schon am zweiten Tag per Du. Aber für die Yvonne war ich Luft.

Ich war heilfroh, dem öden Kasernenbetrieb entronnen zu sein. Saß auf der Bank vor dem Haus mit offener Uniformjacke und ließ mich von der Sonne bescheinen.

Weiter draußen arbeitete Hugo auf dem Feld. Lange konnte ich das nicht, ihm beim Schaffen zusehen. Am Nachmittag half ich schon mit. Ich sah, daß er Mühe hatte, das Anwesen in Schuß zu halten. Es fehlten ihm Knechte und Mägde. Hugos Frau hatte mit der Landwirtschaft nicht viel im Sinn. Das einzige, um was sie sich kümmerte, waren die Stallhasen. Die Arbeit verrichtete sie mit rotlackierten Fingernägeln und angemalten Lippen. Wenn sie was erzählte, gestikulierte sie mit der Zigarette in der Hand.

Aber kochen konnte die Yvonne, das mußte man ihr lassen. Allerdings durfte ich nicht mit am Tisch sitzen, das duldete sie nicht. Wilhelm, das mußt du nicht so tragisch nehmen, sie ist eben eine waschechte Französin, meinte Hugo. Sie ließ auch Geld herumliegen. Ich sagte zu Hugo, deine Frau braucht kein Geld herumliegen lassen, ich stehl nicht. Da hat er sich bei mir entschuldigt.

Gleich in der zweiten Nacht gab es Aufruhr. Am Nachmittag hatte Hugo zu mir gesagt: Erschrick nicht, heut Nacht kommt irgendwann der Schäfer zum Schlafen. Ich lag in einer Kammer, in der zwei Betten aneinandergeschoben waren. Mitten in der Nacht wurde ich durch einen Schrei geweckt. Neben mir hatte sich ein Schrättle mit langem Bart aufgerichtet und starrte mich an. Dann sprang die Gestalt aus dem Bett und flüchtete die Treppe hinunter. Der alte Schäfer war hochgeschossen wie eine Tarantel, als er beim Sichhinlegen den Karabiner bemerkte, den ich ins 'Gräbele' gelegt hatte. Hugo lachte. Yvonne verzog den Mund. Ich zeigte dem alten Mann, daß das Gewehr nicht geladen war.

Hugo hatte fünfzehn Stück Vieh, darunter acht Kühe, und etwa fünfhundert Schafe. Er kam kaum rum, viel Arbeit blieb liegen. Beim Melken half ihm ein Mädchen, manchmal sprang auch ich ein. Die Feldgendarmerie ließ sich nicht blicken. Einmal in der Woche hatte ich mich zu melden. Hugo lieh mir sein Fahrrad, und damit radelte ich am Sonntag, das Gewehr auf dem Rücken, in die Kaserne.

Ich erledigte kleine Reparaturarbeiten: besserte den Hasenstall aus, erneuerte die Pfosten von der Wäscheleine, ersetzte eine zersprungene Fensterscheibe usw. Da wurde auch Madame freundlicher. Ich durfte mit am Tisch sitzen. Wilhelm, was ist los? meinte Hugo eines Tages, Yvonne ist wie ausgewechselt zu dir, ich muß ja fast eifersüchtig sein. Abends saßen wir zusammen, rauchten eine (um meine Rau-

cherkarte nicht dauernd verschenken zu müssen, hatte ich mir das Rauchen ange-
wöhnt), und Hugo brachte mir ein paar französische Redensarten bei. Wenn ich
sie nachsprach, lachte Madame hell auf.

War es nicht verrückt? Es war Krieg, es tobte die Luftschlacht über England, und
auf dem Balkan fanden schwere Kämpfe statt. Aber hier auf dem Land, mitten im
besetzten Frankreich, gab es für mich Frieden und Ruhe und Freundschaft mit
dem Bauern. Es war fast wie im Märchen.

Das Märchen war bald vorbei. Im Juni begann der Krieg gegen Rußland. Ich
kam zu einer Feldeinheit, und die wurde in den Osten verlegt. Tagelang waren
wir unterwegs. Im Zug schrieb ich einen langen Brief an Rita. In Gedanken war
ich oft bei ihr und meiner Familie, denn inzwischen war ich wieder Vater geworden. Es war ein Bub, und er bekam den Namen meines besten Freundes: Franz.

In Narva, in Estland, kam ich wieder zum 'Nachschub' – es hatte viele Ausfälle
gegeben, Fahrer fehlten. Auf die Versorgungseinheiten wurde ja immer ein bißchen
herabgesehen, 'der Train' hieß es, oder 'der Fahrer vom Bock'. Dabei wäre ohne uns
nichts gelaufen. Unsere Aufgabe war der Transport der Munition, der Verpflegung,
des Gepäcks usw.

In Narva sah ich im freien Gelände die ersten Toten. Es waren Russen, große, star-
ke Leute. Einige waren von der Hitze aufgedunsen, manche hatten das Gewehr
noch in der Hand. Ihre Lippen waren aufgesprungen, die Gesichter schwärzlich.
Dazwischen deutsche Soldatengräber: ein einfaches Holzkreuz mit Stahlhelm. Das
hier war nicht wie in Frankreich, hier merkte ich gleich: jetzt geht es um Leben
und Tod.

Im Ort geriet mir auch das erste Anti-Hitler-Plakat in die Hände: Hitler mit Gei-
erkopf und Krallenfüßen, daneben Napoleon, wie er mit seinem weißen Pferd am
Kirchturm hing. Dazu zwei oder drei Sätze in kyrillischer Schrift. Ich zeigte das
Plakat dem 'Saarländer', einem Kameraden aus meinem Zug. Der sagte hastig: Tu's
weg, tu's weg! Später habe ich erfahren, daß der Mann im KZ gewesen war. Als wir
ihn aufforderten, darüber zu erzählen, antwortete er: Nein. Ich will da nämlich
nicht wieder hin. Wir wußten, daß es KZs gab, aber mehr wußten wir damals
nicht.

Von Narva nach Leningrad führte die 'Rollbahn', die Verbindungsstraße, und die
war in deutscher Hand. Rechts und links war ungesichertes Gelände. Von der Divi-
sion war eine Kompanie zur Nachschubsicherung abkommandiert worden, und
unsere Sache war es, diesen Nachschub zu fahren. Von unserem Lager aus gab es
einen schmalen Zuweg zur Rollbahn. Und hier wurde es ernst, die Bedrohung war
von Anfang an zu spüren.

Als ich das erste Mal mit den Wägen auf die Rollbahn fuhr, bekam ich auch gleich
Zunder, wurde aber nicht getroffen. Du mußt aufpassen, sagten sie auf der anderen Seite, der Iwan hat auf fünfzig Meter Einsicht. Ich meldete nach oben, daß man

*Da war ich gerade wieder nach
Rußland zum Troß gekommen.*

da was unternehmen muß, doch unser neuer Spieß, Hauptfeldwebel Eirich, das war so ein Garnisonshengst, wußte immer alles besser. Ach was, meinte er, ihr Fahrer habt einfach Angst. Das hat mich schwer geärgert.

Ich mußte zwar jeden Tag vorfahren und der Sicherungskompanie Material zum Bepflanzen bringen: es sollten auf dieser Strecke kleine Bäume und Gebüsch als Sichtblende eingesetzt werden. Aber es passierte nichts. Die Gruppen, die für diese Aufgabe eingeteilt waren, haben sich kein Bein rausgerissen. Jedenfalls hat sich nicht viel geändert. Doch als ich eines Tages wieder vorfuhr, staunte ich: auf der ganzen Straße gab es endlich eine dichte Verblendung. Kurz vorher war nämlich der Waffenmeister mit Begleitung vorbeigefahren. Die wußten nichts von dieser brenzligen Stelle und bekamen Feuer: einen Toten und zwei Verletzte hatte es gegeben.

Wir hatten 'Hiwis', das heißt Hilfswillige, gekriegt, junge Russen von fünfzehn und sechzehn Jahren. Wir waren nur noch vier deutsche Fahrer, alles andere waren Russen. Dann wurde auch noch der Futtermeister reklamiert; er war Bergmann und ging zurück ins Bergwerk.

Faller, sagte der Hauptfeldwebel zu mir, das können Sie doch jetzt machen, Sie haben das Zeug dazu. Ich sagte: Ich bitte darum, ich möchte Fahrer bleiben. Warum, hat der Spieß gefragt, wenn Sie Futtermeister werden, werden Sie Unteroffizier. – 'Ich bitte darum, ich möchte Fahrer bleiben.' Der Eirich war ein sogenannter Zwölfender, also Berufssoldat, der konnte überhaupt nicht verstehen, daß sich einer nicht befördern lassen will.

Er hat es dem Veterinär gemeldet. Was ist los, fragte mich der Veterinär, wollen Sie nicht Unteroffizier werden? Und ich: Ich bitte darum, ich möchte Fahrer bleiben. Die anderen, hab ich ihm gesagt, haben den Frankreichfeldzug mitgemacht, die können kommandieren, ich nicht.

Als Futtermeister hätte ich nur Befehle entgegengenommen, wär im Stall spazierengelaufen und hätte kommandiert. Aber ich hab genau gewußt, was ich mach. Ich hab nämlich zwei Mal erlebt, wie es geht. Da ist einer Futtermeister geworden beim Troß, und dann gab es vorn Rabatz. Viele Unteroffiziere sind gefallen. Und dann wurden die Futtermeister, die Unteroffiziere waren, nach vorn kommandiert. Und es ging nicht lang, und sie sind auch gefallen. Es gab einen alten Landserspruch: Lieber ein lebender Feigling als ein toter Held.

Einige Tage später kam ein Kamerad: Faller, du sollst zum Spieß auf die Schreibstube kommen. Ich dachte, was wollen die denn, lassen sie immer noch nicht locker? Der Eirich gab mir ein Telegramm in die Hand: 'Vater verstorben. Beerdigung am soundsovielten.' Wollen Sie heimfahren? fragte Eirich. Ich sagte ja. Mir stand sowieso Urlaub zu. Freilich war nicht dran zu denken, noch zur Beerdigung nach Hause zu kommen. Die Heimfahrt allein dauerte fünf Tage. Aber ich wollte

Abschied nehmen vom Vater, nach der Familie sehen und meinen neugeborenen Sohn in die Arme nehmen.

Im Juli 1942 fuhr ich nach Hause. Während der langen Reise hatte ich viel Zeit, an den Vater zu denken. Der Hof ohne ihn – das konnte ich mir gar nicht vorstellen. Es war eine traurige Stimmung, als ich ankam. Aber Rita und ich waren erst einmal froh, uns in die Arme nehmen zu können. Franz sah ich zum ersten Mal. Das war ein lebhafter Bursche, den man keine Minute aus den Augen lassen durfte. Hermann sollte auf ihn aufpassen, versuchte aber immer wieder, sich davor zu drücken. Der kleine Heinz war ein hübsches Kerlchen und babbelte schon munter drauf los. Meine Mutter kümmerte sich um die Kinder. Hier hatte sie eine Aufgabe, die ihr half, besser über den Tod das Vaters hinwegzukommen.

Otto war vor vier Wochen eingezogen worden. Als Hilfskräfte waren inzwischen der Stanislaw auf dem Hof, ein polnischer Kriegsgefangener, und die Paraska, eine junge Ukrainerin. Maria war seit längerem krank, sie hatte es an der Galle und mußte sich doch, im 'Löwen' oben, um ihre beiden Kinder kümmern, denn auch Josef war eingezogen worden.

Der Benneter-Toni lief in Schaftstiefeln herum und hielt die Fäden in der Hand. Es war ratsam, sich gut mit ihm zu stellen. Es hieß, er habe dafür gesorgt, daß der Sohn vom Simon-Bauer eingezogen wurde, obwohl denen im Sommer der Hof abgebrannt war. Aber der junge Simon hatte nach ein paar Bieren am Wirtshaustisch eine Lippe riskiert und sich Luft gemacht, und schon hatte es einer dem Benneter hinterbracht.

Vor der Schreibstube unserer Kompanie. In der Mitte der 'Spieß', der Hauptfeldwebel. Ganz links ich, ganz rechts Lukowski.

A m dritten Tag nach meiner Ankunft hörten wir zu Mittag ein Motorrad auf den Hof fahren. Stanislaw und die Paraska stürzten vom Tisch und verschwanden. Als 'Fremdarbeitern' war es ihnen verboten, mit an unserem Tisch zu sitzen. Es war der Ingenieur Neumann aus Freiburg mit Elisabeth im Beiwagen. Er hatte beruflich im Ort zu tun und ihr angeboten, sie für die Nachmittagsstunden zu einem Besuch auf dem Hof mitzunehmen. Ich freute mich sehr, die Schwester wiederzusehen. Elisabeth war eine schöne, junge Frau geworden – inzwischen verlobt mit einem Arbeiter aus Herrn Neumanns Fabrik. (Bis jetzt hatte aber den Verlobten noch niemand von uns zu Gesicht bekommen.)

Herr Neumann nahm mich mit zu Onkel Ludwig und Tante Martha, deren Haus auf dem Weg lag. Ich wollte, ich hätte sein Angebot ausgeschlagen und wäre nicht gerade zu dieser Stunde ins Haus auf der Sommerhalde! Es schien niemand dazusein, auf mein Klopfen bekam ich nämlich keine Antwort. Aber die Tür war nicht verschlossen.

Eines der wenigen Bilder von
Reinhold als Soldat.
(In der weißen Jacke.)

Onkel Ludwig und Tante Martha saßen am Tisch wie erstarrt. Tante Marthas Gesicht war tränenüberströmt, sie brachte kein Wort heraus. Vor zwei Stunden war der Briefträger mit einem Einschreiben gekommen. Onkel Ludwig gab mir mit zitternder Hand das Papier. (Den Brief habe ich noch.)

'Sehr geehrte Familie Faller! Als Kompanieführer habe ich die traurige Pflicht, Ihnen mitteilen zu müssen, daß Ihr Sohn, Reinhold Faller, am 23. 6. 1942 in den Abendstunden bei einem russischen Angriff auf die Feuerstellung bei Juchonow sein Leben für das Vaterland gelassen hat. Er erhielt einen Kopfschuß und erlag kurze Zeit danach seiner Verwundung, ohne das Bewußtsein wieder-erlangt zu haben.

Er hat bis zuletzt seinen Platz als MG-Schütze nicht verlassen und so uns allen ein leuchtendes Beispiel deutschen Soldatentums gegeben.

Ich spreche Ihnen, auch im Namen seiner Kameraden, meine wärmste Anteilnahme aus. Die Kompanie wird ihm stets ein ehrendes Andenken bewahren.

Möge die Gewißheit, daß Ihr Sohn sein Leben für die Größe und den Bestand von Volk, Führer und Reich hingegeben hat, Ihnen ein Trost sein in dem schweren Leid, daß Sie betroffen hat.

Ich grüße Sie in aufrichtigem Mitgefühl' – Unterschrift.

'Unfaßbar', sagt man. So war es wirklich. Eben noch hatte ich mit Reinhold gesprochen, er war doch gerade erst in Uniform auf dem Hof gewesen und hatte gelacht, als ich 'Stillgestanden!' gerufen hatte... Als ich mich von Onkel Ludwig und Tante Martha verabschiedete, sah ich auf der Kommode im Wohnzimmer Reinholds alte Kamera, mit der er vor fünf Jahren unsere Hochzeit fotografiert hatte. Da traten mir plötzlich die Tränen in die Augen, und ich drehte mich beim Weggehen nicht mehr um.

Ich hab mich in den knapp zwei Wochen, die ich zu Hause war, in die Arbeit gestürzt. Zu tun gab es ja genug. Stanislaw und Paraska konnten zupacken, das sah ich gleich; Stanislaw verstand auch etwas von der Landwirtschaft. Trotzdem muß-te viel Arbeit liegenbleiben. Ich sprach auch mit dem jungen Zimmermann (er war 16), der zu uns zum Aushelfen 'abkommandiert' worden war. Die Tage, die er kam, packte er kräftig mit an, meinte Rita, aber er käme nicht oft genug, da bei ihnen daheim auf dem Hof ebenfalls Leute fehlten.

Ich fuhr zum Kreiswehramt nach Freiburg. Die Situation meines Betriebes hatte sich grundlegend geändert: der Vater war gestorben, und Otto war eingezogen; es gab keinen einzigen verantwortlichen Mann mehr auf dem Hof. Wie sollten wir die Ablieferungen, die von uns verlangt wurden, schaffen? Der Leiter des Kreiswehramtes, ein Major, war sogar verständnisvoll. Er kannte die 'angespannte Lage', wie er es nannte. Aber es war nichts zu machen. Er sagte mir gleich, daß ein Freistellungsantrag keinerlei Aussicht auf Erfolg haben würde.

Am Tag vor meiner Abreise an die Front ging ich noch einmal auf den Friedhof und besuchte die Gräber der Großeltern und Georgs und Vaters Grab. Ich stand vor dem frischen Holzkreuz mit Reinholds Namen, das man mit in die Grabumfriedung gesteckt hatte. Es war ein windiger, regnerischer Sommertag – und ein Abschied mit schwerem Herzen.

Inzwischen war meine Einheit ins Wolchov-Sumpfgebiet verlegt worden. Die Gegend war voller Mücken. Wir mußten daher regelmäßig Chinin-Tabletten schlucken – die freilich gegen die Läuse, die wir hatten, nicht halfen. Wir lösten dort Einheiten einer Gebirgsdivision ab. Die waren für die Gegend gut ausgerüstet gewesen, mit Mauleseln, was günstig war, denn es gab hier viele Bäche mit schmalen Brücken. Nun kamen wir mit unseren schweren Fahrzeugen. Wir fuhren fast nur nachts, ahnten den Weg mehr als daß wir ihn sahen und prügelten die Pferde über Brücken, von deren Zustand wir keine Ahnung hatten. Wenn ich am anderen Tag sah, was für wacklige Stege wir manchmal überquert hatten, standen mir die Haare zu Berg. Wir sind oft genug bis zu den Achsen im Dreck eingesunken. Die Russen mit ihren Panjewägen waren viel beweglicher. Eines Nachts, als

Im Gebiet der Wolchov-Sümpfe.

wir wieder feststeckten, haben uns die Russen beschossen. Sie konnten nur auf gut Glück in die Gegend geballert, unsere Position nur ungefähr vermutet haben. Das machten sie manchmal, nie bekamen wir was ab. Dieses Mal war es anders. Diesmal erwischten sie uns. Ich fuhr den Verpflegungswagen, vierspännig, machte alles vom Sattel aus, ich fühlte mich da aber nie sicher. Plötzlich sah ich in einiger Entfernung hinter einem Stück Buschwald Mündungsfeuer, und gleich darauf krachte es vor mir, Holz splitterte, und ich bekam einen Schlag, der mich vom Pferd fegte. Ich hatte einen Splitter ins Schlüsselbein gekriegt. Es war gebrochen. Heute weiß ich: das war mein Glückstag.

Meinen Stangenfahrer hatte es ebenfalls erwischt. Man brachte uns noch in der Nacht zum Hauptverbandsplatz. Es kam auch gleich ein Arzt, ich spuckte nämlich

Blut. Sie dachten, der Splitter sei in der Lunge. Eine Nacht lang lagen wir auf freiem Feld. Es war September, und die Nacht war schon kalt. Ich hatte Schmerzen und viel Blut verloren. Es ging mir ziemlich dreckig.

Nach zwei Tagen wurden die Verwundeten eingeteilt. Da sich die Ärzte über meinen Zustand nicht im klaren waren, kam ich mit anderen Schwerverwundeten in ein Flugzeug, das nach Lemberg ging. Dort hat sich dann rausgestellt, daß die Lunge nicht verletzt war. Der Splitter steckte hinter dem Schlüsselbein.

In Lemberg hab ich einer Rot-Kreuz-Schwester einen Brief nach Hause diktiert. Ich hab sie daheim erstmal beruhigt. Ich schrieb, daß ich verwundet bin, daß es mir aber einigermaßen gut geht. Der linke Arm war noch gelähmt, ich mußte einen Streckverband tragen. Der Splitter muß raus, sagte der Arzt, aber das geht jetzt noch nicht. Die Schmerzen waren erträglich, aber ich hatte noch Fieber. In Lemberg lag ich eine Weile, und nichts passierte. Ich hatte das Gefühl, daß sich die Ärzte nicht so recht an die Entfernung des Splitters rantrauten.

Von Lemberg ging es mit einem Krankentransport ins Reserve-Heimatlazarett nach Straßburg, ins Ottilienstift. Der erste Doktor, den ich da zu Gesicht bekam, war unser alter Stabsarzt aus Rußland. Was machen Sie denn hier? begrüßte er mich. Sehen Sie ja, sagte ich, ich bin verwundet. Der hat mir dann im Ottilienstift den Splitter rausoperiert.

Ein paar Tage später kam die Schwester und sagte: Sie haben Besuch. Ich sagte: Das kann doch nicht sein! Da ging die Tür auf, und der Erwin kam herein. In seiner Uniform, mit einem kleinen Oberlippenbart, die Schirmmütze unterm Arm, hätte ich ihn beinahe nicht erkannt. Ich hab mich über den Besuch sehr gefreut. Wir hatten uns lange nicht gesehen. Erwin hatte Urlaub, kam von daheim und brachte mir einen Brief von Rita und Kuchen und Speck. Sie wollte mich erst selber besuchen, aber dann hatte Heinz Keuchhusten bekommen, und da mochte sie nicht von zu Hause weg.

Erwin erzählte, daß Franz in Rußland sei. Und Bruno, der Maler, sei 'wehrunwürdig'. Der war nämlich als ehemaliges KPD-Mitglied wegen 'staatsfeindlicher Propaganda' von 1934 bis 1936 im Gefängnis gewesen.

Erwins Einheit lag in Frankreich, er hatte also Glück. Wir hatten beide Glück. Denn in Stalingrad wurde gerade die 6. Armee von den Russen und vom Winter vernichtet. Das ging uns allen unter die Haut.

Im Februar '43 wurde ich aus dem Lazarett entlassen. Ich kam zur Genesendenkompanie meines Ersatztruppenteils nach Baden-Oos. Dort war inzwischen der 'lange Kramer' unser Kompaniechef. Ich kannte ihn von Frankreich her, da war er noch Zugführer gewesen. Jetzt war er Leutnant. Er kam aus Oberkirch in der Ortenau, das verband uns. Tritt erst mal deinen Genesungsurlaub an, sagte er zu mir. Ich war nur drei Wochen daheim. (Damals konnte ich nicht wissen, daß es für viele Jahre mein letzter Aufenthalt auf dem Hof und bei den Meinen sein würde.)

Gleich in der ersten Woche bin ich in die Sägemühle und hab 'schwarz' gemahlen. 'Schwarz' mahlen und 'schwarz' schlachten war streng verboten. Es gab Lebensmittelkarten, und mit denen hatten alle – auch wir Bauern – auszukommen. Aber es gab auch den Spruch: Das Leben ist erst dann beschissen, wenn wir uns nicht mehr zu helfen wissen. Ich ließ nachts die Mühle laufen. Das Mahlwerk war verplombt worden, aber das Siegel war leicht zu entfernen und mit Kerzenwachs wieder neu anzubringen. Ich mahlte Brotgetreide für uns und für die Nachbarn, von denen ich wußte, daß sie zuverlässig waren. Stanislaw half mir. Ich war körperlich noch angeschlagen und brauchte jemanden, der mir beim Tragen und Abfüllen des Mahlguts half.

Stanislaw war ein schweigsamer Mensch, ein guter Arbeiter und ein frommer Katholik. Er war verheiratet und hatte zwei Kinder. Rita sorgte dafür, daß er ab und zu ein Stück Speck nach Hause schicken konnte. Er bekam auch manchmal Post von seiner Frau, und dann sang er den ganzen Tag traurige Lieder. Die Kinder spielten gern mit ihm, mit ihnen machte er auch Späße. Besonders Franz hatte einen Narren an ihm gefressen, weil sich Stanislaw viel mit ihm abgab. Er war ein schmächtiger Mann, dem man seine Kraft und Zähigkeit nicht ansah. Inzwischen sprach er auch einigermaßen Deutsch. Er sagte immer 'der Herr' zu mir, 'ja der Herr', 'nein der Herr' – ich konnte es ihm nicht abgewöhnen.

Pflügen am Hang. Unser einziges Feld an der Hanglage. Beim 'Vorgehen' der junge Zimmermann.

Am Tag nach dem Mahlen, es war Samstag, fuhr ein LKW auf unseren Hof. Ich erschrak, ich dachte, jetzt hat uns doch einer verpfiffen. Der Benneter-Toni und der Adam Dörle, der Mann meiner Tante Irmela, stiegen aus, beide in SA-Uniform, und fragten nach Stanislaw. Ich wollte wissen, um was es ging. Er soll mitkommen, sagte Benneter, wir bringen ihn am Nachmittag wieder. Der Dörle-Adam stand dabei, ihm war dieser Besuch offenbar peinlich. Auf der Pritsche des Lastwagens saßen schon ein Dutzend polnischer Arbeiter. Sie haben eine Versammlung, sagte der Dörle, und damit gab ich mich zufrieden.

Am späten Nachmittag kam Stanislaw wieder, er war vollkommen verstört. Er setzte sich auf die Bank vorm Haus und wischte sich immer wieder übers Gesicht. Wir fragten, was los sei, aber er antwortete nicht. Er schüttelte nur den Kopf. Paraska setzte sich neben ihn und sprach mit ihm polnisch. Er murmelte etwas, ich verstand: 'Ich hab ihn gut gekannt.' Immer wieder sagte er: 'Ich hab ihn gut gekannt.' Und fuhr sich mit der Hand über die Augen. Rita führte die Kinder, die den Stanislaw schweigend anstarrten, ins Haus.

Später erfuhren wir, daß der LKW alle Polen aus der Umgebung aufgesammelt und nach Saig, oberhalb von Lenzkirch, gebracht hatte. Dort mußten sie zusehen, wie ein Pole öffentlich gehängt wurde – angeblich, weil er was mit einer Deutschen gehabt hatte.

An der Front gibts sowas nicht, dachte ich, aber dann fiel mir ein, daß das nicht stimmte. In Narva hatte ich gesehen, wie vier Rotarmisten von einer Gruppe Soldaten abgeführt worden waren, abgesondert von den anderen Gefangenen. Was ist mit denen? fragte ich Lukowski. Wahrscheinlich Kommissare, sagte der. Und? fragte ich. Und Lukowski machte mit der Handkante eine Bewegung zum Hals hin. Und noch später sah ich hunderte russische Kriegsgefangene in einer Kiesgrube, die meisten lagen auf dem Boden, und da brauchte ich niemand zu fragen, um zu sehen, daß die am Verhungern waren.

Meine Sympathien für den Hitler und die Nazis haben sowieso das erste Kriegsjahr nicht überlebt. Trotz aller Siegesmeldungen. Ich dachte immer nur: du hast Frau und Kinder, du mußt es schaffen, du mußt wieder heimkommen!

Stanislaw hat den ganzen Abend in seiner Kammer verbracht. Erst zum z'Nachtessen kam er wieder heraus. Wir standen um den Tisch zum Tischgebet, das an diesem Abend jeder für sich sprach.

Diesmal, als ich wieder fuhr, brachte mich Stanislaw an die Bahn. Ich mußte daran denken, daß es beim letzten Urlaub noch der Vater gewesen war. Ich war bedrückt, Stanislaw auch. Schweigend fuhren wir übers Land. Es war Anfang März, man roch schon ein bißchen den Frühling. Hier war alles friedlich, das Land war still, und Sonne lag auf den Feldern. Mir tats im Herzen weh, gehen zu müssen. Bevor ich in den Zug einstieg, schenkte ich Stanislaw den Rest meiner Raucherkarte. Ich wußte, daß er ein starker Raucher war. Danke der Herr, sagte er in seiner ernsten Art.

In Baden-Oos wurde ich vom Arzt erneut untersucht. Das Ergebnis: gv – garnisonsverwendungsfähig. Ich sprach mit Kramer. Der sagte: Wir werden nach Polen verlegt. Weißt du was, du wirst mein Bursche. Und so kam ich im Mai '43 nach Warschau. Da hatte ich am Anfang ein bequemes Leben. Ich mußte beim langen Kramer nicht viel Dienst tun.

Ich bin viel in Warschau herumgekommen, obwohl die Stadt kein harmloses Pflaster war. Es gab immer wieder Anschläge auf deutsche Soldaten und entsprechende Strafaktionen der Wehrmacht. Es war deutschen Soldaten verboten, allein und ohne Waffe auszugehen. Mir selber ist nie was passiert, und ich habe mich auch nie bedroht gefühlt.

Das heißt: 'passiert' ist mir schon was. Wenn wir dienstfrei hatten, gingen Lukowski und ich oft ins Kino. Lukowski, ein Schlesier, war in meiner Gruppe, mit ihm hatte ich mich angefreundet. Es gab Kinos für Polen und für Deutsche. Zu den deutschen Lichtspieltheatern (so hießen die damals) gehörten das 'Helgoland', das 'Apollo' und die 'Kammerlichtspiele'. Am Schluß ging ich nur noch ins 'Helgoland'. Und dafür gab's einen Grund.

Irgendwann im Sommer, ich glaub im August, spielten sie den Film 'Münchhausen' mit Hans Albers. Der Film war länger als sonst, es gab nur zwei Vorführungen am Tag, die eine um vier, die andere um sieben. Als ich mit Lukowski nach der zweiten Vorstellung auf dem Weg in die Kaserne war, ging es schon auf zehn zu. Da sahen wir vor uns eine Streife der Feldgendarmerie – 'Kettenhunde' hießen die bei uns – die zwei Frauen anhielt, zwei Polinnen. Es waren Angestellte aus dem Kino, auf dem Heimweg wie wir.

Die eine suchte etwas in ihrer Tasche, die Nachtbescheinigung, wie wir erfuhren, ohne die sie nach der Sperrstunde nicht auf der Straße sein durfte. Wir haben den beiden von der Feldpolizei bestätigt, daß die Frau Kassiererin im Kino war. Für den Streifenführer war die Sache damit erledigt, und er zog mit seinem Kameraden ab.

Lukowski und ich haben die beiden Frauen vor die Haustür gebracht und uns dann verabschiedet. Die waren sehr froh über unsere Begleitung. Ich hatte die Angst der Frauen gesehen, als sie angehalten worden waren. Die Polen lebten ja dauernd in der Gefahr, als Zwangsarbeiter nach Deutschland verschickt zu werden. Ein gewisser Schutz war es für sie, wenn sie für eine deutsche Einrichtung arbeiteten. Ich mußte an Stanislaw denken, der bei mir daheim auf dem Hof arbeitete...

Sophie.

Als ich in der Woche darauf wieder ins 'Helgoland' ging, wollte die Kassiererin kein Geld von mir nehmen. Ich sah das nicht ein. Wir stritten hin und her, lachten, sahen uns an... Sophie hieß sie. Sie war eine junge hübsche Frau, sie gefiel mir und ich ihr wohl auch.

Die Angestellten des Kinos, die Platzanweiserinnen und Kassiererinnen, waren die einzigen Polen, die die Filme mit ansehen durften. Sie saßen immer rechts auf den äußeren Plätzen in der letzten Reihe. Da saß ich dann auch, neben Sophie. Ich hatte 'Beziehungen' als deutscher Soldat, und so hab ich ihr schon mal eine Tafel Schokolade oder Kölnisch Wasser oder eine Wurst mitgebracht. Sie schenkte mir dafür von den Filmen, die uns beide am besten gefallen hatten, die Fotos aus den Schaukästen.

Irgendwann hat sie mich nach Hause mitgenommen – was gefährlich war. Denn es war deutschen Soldaten verboten, Kontakte mit Polinnen zu haben. Und die polnische Bevölkerung lehnte den privaten Kontakt zu den Deutschen genauso ab. Aber natürlich gab es Ausnahmen. Und Sophie und ich waren eine solche Ausnahme. Und weil wir uns gern hatten, fanden wir Mittel und Wege, beisammenzusein.

Es waren schöne Wochen – heute kann ich mir das eingestehen. Natürlich hab ich auch an Rita gedacht und hatte ein schlechtes Gewissen. Aber als junger Mensch bastelt man sich schnell irgendwelche Erklärungen und Entschuldigungen zurecht. Ich dachte: die Rita erfährt es ja nicht. (Viele viele Jahre später hab ich es ihr doch gesagt.) Der Sophie hab ich nicht verschwiegen, daß ich verheiratet bin und Kinder habe, als sie danach fragte. Sie konnte ganz gut deutsch und fragte: Gute Frau? Und ich sagte: Ja, gute Frau.

Als vor einigen Jahren Jerzy vor mir stand, ein erwachsener Mann, Sophies Sohn und mein Sohn, war ich wie vor den Kopf geschlagen. Ich konnte ihn mit der damaligen Zeit überhaupt nicht in Verbindung bringen. Das war ja über fünfzig Jahre her! Und es war so überraschend und so unwahrscheinlich, als er sagte: ich bin dein Sohn. Ich habe einige Zeit gebraucht, um diesem Menschen einen Platz in meinem Leben zu geben. Und es fiel mir auch nicht leicht, meiner Familie davon zu erzählen.

Dann die Trennung von Sophie! Ich bekam Gelbsucht. Also sofort ab ins Reserve-kriegslazarett, ins sogenannte 'Burggericht' in Warschau. Man steckte mich in Quarantäne, und ich konnte Lukowski gerade noch eine Nachricht zukommen lassen, er solle Sophie Bescheid geben. Es war nur eine leichte Hepatitis, und man bekam sie mit Tabletten schnell in den Griff. Ich blieb noch einige Tage zur Beobachtung und wurde dann zur 2. Genesendenkompanie entlassen.

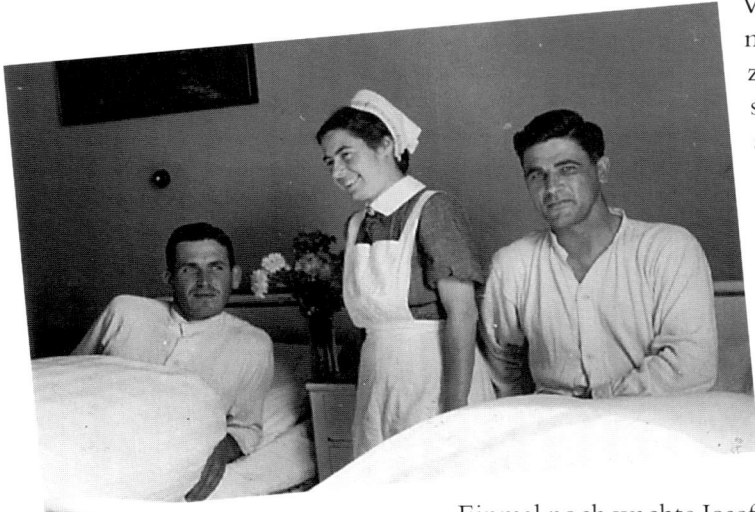

Im Lazarett in Warschau,
genesen von der Gelbsucht.

Vorher hatte ich noch eine schlimme, traurige Begegnung. Wie ich am Tag meiner Entlassung mit dem Laufzettel unterwegs war, um mir die verschiedenen Unterschriften geben zu lassen, kam ich an einem Krankenzimmer vorbei, dessen Tür offenstand. Ich warf einen Blick hinein, sah ein Gesicht und dachte: den kennst du doch.

Es war der Josef Dörle, der Mann von der Marie. Es stand nicht gut um ihn. Eine Schwester war bei ihm. Sie nahm mich auf die Seite und fragte, ob ich den Kamerad kennen würde. Er ist aus meinem Dorf, sagte ich. Sie meinte, er werde wahrscheinlich die Nacht nicht überleben, er habe eine schwere Bauchverwundung. Ich blieb die nächste Stunde an Josefs Bett. Wie ich ihn so liegen sah, dachte ich: so kann's dir auch mal gehen.

Einmal noch wachte Josef aus seiner Bewußtlosigkeit auf. Für Minuten war er klar. Er erkannte mich. Wilhelm, murmelte er. Ich glaube, er war froh, daß jemand bei ihm war, den er kannte. Ich kam mir sehr hilflos vor. Mit leiser Stimme bat er mich, Maria zu grüßen – und mich um sie zu kümmern. Dann sagte er wieder etwas, das ich nicht verstand, und dämmerte weg. Ich ging, als die Visite kam. Am nächsten Morgen ist er dann gestorben.

Man traute wohl meiner Gesundheit nicht ganz, denn ich erfuhr, daß ich zur Heeresentlassungsstelle nach Ulm versetzt sei. Ich bekam eine Einzelabstellung und sollte mich bereits am nächsten Tag in Marsch setzen. Auch gut, dachte ich, denn mir war jeder Ort lieber als die Ostfront. Ich bekam meine Papiere und packte. Am nächsten Tag wollte ich Sophie Adieu sagen.

Im Krieg hab ich erlebt, daß man sich auf nichts verlassen kann. Es gab immer wieder völlig verrückte Wendungen. Manchmal waren sie erfreulich, meist nicht.

Am nächsten Morgen tauchte ein außerordentlich bevollmächtigter Feldarzt, ein Oberstabsarzt auf, der in einem Raum der Kaserne bei Krankgeschriebenen den Tauglichkeitsgrad neu feststellte. Der Arzt war das, was man einen 'Heldenklau' nannte. Eigentlich war ich ja nicht krankgeschrieben, ich hatte nur einen Marschbefehl Richtung Heimat. Irgendwie erfuhr er das und beorderte mich mit zur Untersuchung. Mit einer Ausnahme wurden alle kv, also 'kriegsverwendungsfähig' geschrieben. Auch ich.

Da stand ich nun und konnte es nicht fassen. Vor Stunden noch hätte ich Richtung Heimat fahren können, raus aus dem Schlamassel – und jetzt das!

Das Ende vom Lied: ich landete wieder an der Ostfront. Herbst '44 lag meine Einheit in Lettland, dann kam der Rückzug. Im Winter wurden wir von Libau verschifft, es sollte nach Danzig gehen. Statt in Danzig haben sie uns in Pillau, in Ostpreußen, ausgeladen; wir waren also wieder im Kessel. Der Hauptteil der Russen stieß an uns vorbei – wir Landser haben erst später mitbekommen, daß wir nur noch als versprengter Truppenteil kämpften. Alles war in Auflösung begriffen. Ein reguläres Bataillon gab es nicht mehr, die Einheiten waren zusammengeschmolzen. Kompanien bestanden oft nur noch aus dreißig Mann.

In der Nähe von Königsberg war dann Endstation. Ich hatte wieder mal Glück, denn in der Kompanie, die hier zusammengestellt wurde, war der Fred Schichold Zugführer, und als der Kompanieführer fiel, war er praktisch Kompanieführer. Ich kannte ihn von der Wolchov-Front her. Er hatte – für 250 Spähtrupps – das Ritterkreuz erhalten. Von Beruf war er Artist, und es hieß, er sei schon mal mit dem Zirkus in Moskau gewesen. Jedenfalls sprach er etwas russisch. Als er mich sah, meinte er: Na, Faller, mußt du jetzt auch noch dran glauben? Lukowski und ich blieben zusammen, das war viel wert. In Libau hatte mich die letzte Post von Rita erreicht: ein quadratisches, handtellergroßes Päckchen mit Speck und Brief und Fotos von meinen Kindern. Sie schrieb, daß Hilde (also Schwester Gertrudis) am Auge operiert worden sei, die Operation sei gut verlaufen. Sonst seien alle wohlauf. Das war für Jahre die letzte Nachricht von daheim. Uns hat es gestunken, im Dreck zu liegen, Tag und Nacht Wache und keine Ablösung. Manchmal kamen versprengte Landser, deren Einheiten aufgerieben worden waren, zu uns. Einmal erschienen wieder zwei 'alte Hasen', das sah man, und ziemlich heruntergekommen (wie wir alle). Ich sah sie mit Schichold reden. Dann drehte sich der eine um und – wir schrien beide zur gleichen Zeit auf und lagen uns in den Armen. Es war Franz!

Lange feiern konnten wir nicht, und zum Erzählen hatten wir auch keine Zeit. Jede Nacht hat der Russe angegriffen. Sie schickten auch Spähtrupps in unsere Ecke – wir waren nur zwei Gräben voneinander entfernt. Vom Kompaniegefechtsstand aus konnten wir zusehen, wie sie sich drüben die Zigaretten anzündeten.

Das ist Viktor, mit dem ich in der Gefangenschaft auf dem Bau arbeitete. Er schenkte mir das Bild.

Ich war inzwischen Zugführer, acht Tage später Feldwebel. Litzen hat man zu der Zeit schon lange keine mehr getragen. Die Russen haben Musik gemacht und mit Lautsprechern zu uns herübergerufen (die waren informiert): Kameraden von der 33. Infanteriedivision! Wer bis zum 12. April nicht übergelaufen ist, wird erschossen! Dann gabs wieder Marschmusik.

Geschlafen hab ich kaum noch. Tagsüber habe ich Gewehre gesammelt und geladen. Überall war Dreck und Sand, und unsere Karabiner waren hochempfindlich – wenn da ein Sandkorn ins Schloß geriet, war Schluß. Normales Essen gabs schon lange nicht mehr. Eines Abends hab ich die letzte Büchse meiner eisernen Ration gegessen. Ich dachte, zu was noch länger aufheben, wer weiß, ob du morgen noch lebst. Bei uns waren zwei Unteroffiziere von der Luftwaffe, die meinten, wir sollten überlaufen. Aber ich wollte nicht in Gefangenschaft. Unsere Propaganda hatte uns ja eingebleut: bloß nicht in russische Gefangenschaft, da überlebt keiner. Das Weiterkämpfen war ein Reflex, überlegt hab ich mir da nichts mehr.

Ich machte mit Schichold zusammen Geländeerkundung, Franz ging mit Lukowski. Wir hatten Gewehrgranaten, die wurden auf den Lauf gesteckt und hatten eine ziemliche Wirkung. Man mußte aber Platzpatronen zum Abschießen nehmen. Beim ersten Schuß passierte nichts, beim zweiten Schuß sprangen zwei Gestalten auf und verzogen sich hinter den feindlichen Graben. Als wir zurückkamen, wartete Lukowski schon – allein. Sie hätten Feuer gekriegt, er habe Franz aus den Augen verloren.

Wir gingen gleich los, den Franz suchen. Das war im Morgengrauen. Wir fanden ihn auch. Er hatte einen Schuß in den Oberschenkel bekommen und war am Verbluten. Er rührte sich nicht mehr. Er hatte sich selbst noch verbinden wollen, das aufgerissene Verbandspäckchen hielt er in der Hand. Er lebte noch. Ich sah Schichold fragend an, und der schüttelte langsam den Kopf.

Wir trugen Franz in die Stellung zurück und legten ihn im Unterstand auf ein paar Bretter. Ich kniete mich zu ihm, tupfte ihm mit Wasser aus meiner Feldflasche das Gesicht ab und befeuchtete seine Lippen. Er hat noch einmal kurz das Bewußtsein wiedererlangt. Sah mich an, ohne zu sprechen. Mensch, Franz! brachte ich raus und drückte meinen Ellenbogen gegen den seinen.

Noch während wir Franz begruben, ging der große Feuerzauber der Russen los. Sie schossen aus allen Rohren. Trommelfeuer. Wir wußten, das war der endgültige Angriff – und dem hatten wir nichts entgegenzusetzen. Wir haben uns eingegraben und eine Weile zurückgeschossen, aber es gab keine Verbindung mehr nach hinten, keinen Nachschub, keine Munition, nichts.

Als das Schießen aufhörte, sprang ich aus dem Graben und nahm Deckung hinter den Trümmern eines Schuppens. Plötzlich standen zwei Russen vor mir, das Gewehr im Anschlag. Ich hatte keinen Karabiner mehr, nur noch Handgranaten im Gürtel. Ich hob die Hände, und sie stießen mich vor zu ihrer Linie.

Die erste Angriffswelle war vorbei. Neben mir lag ein verwundeter russischer Soldat, den hatte eine Kugel am Kopf getroffen, aber eine von weit her. Er blutete. Neben ihm ein Kamerad, der seinen Kopf hielt. Ich nahm mein Verbandspäckchen raus und verband den Russen am Kopf. Ich dachte, jetzt bist du bei den Wölfen, jetzt mußt du mit den Wölfen heulen. Karascho, sagte der Russe, karascho. Ich dachte, wart nur, wenn sie dir die Kugel rausholen...

Später haben sie uns auf freiem Feld zusammengetrieben, da waren wir schon über hundert. Die ganze Nacht regnete es. Wir hatten nur ein paar Wehrmachtsplanen, die hielten wir uns über die Köpfe, und links und rechts lief in Bächen das Wasser herunter.

Am anderen Morgen marschierten wir los, neben uns die Posten mit geschultertem Gewehr. Marschkolonnen der Russen kamen uns entgegen, endlos – die sind immer weiter vorgerückt. Wir marschierten in Fünferreihen, Lukowski ganz außen, ich neben ihm. Plötzlich scherte aus der entgegenkommenden Kolonne ein Russe aus der Reihe und trat auf Lukowski zu. Er rief etwas, ich konnte nicht verstehen was, vielleicht eine Beschimpfung. Lukowski machte eine Bemerkung, sowas wie Leck mich am Arsch, – da reißt dieser Russe das Gewehr hoch und drückt ab. Der Posten wollte den anderen noch abwehren, aber es war zu spät. Lukowski stürzte neben mir auf den Boden, seine Uniformjacke war gleich voller Blut. Ich kniete mich neben ihn und sah, daß er tot war. Da bekam ich auch schon einen Schlag mit dem Gewehrkolben ins Kreuz. Dawai! Dawai! schrie der Posten, riß mich hoch und stieß mich in die Reihe zurück.

Wie hat man das alles ausgehalten? Ich hatte innerhalb von zwei Tagen meine besten Freunde verloren. Viel daran denken war nicht möglich, das war gefährlich, man mußte sich vollkommen aufs eigene Überleben konzentrieren. Ein Menschenleben galt nichts, die Toten lagen zuhauf rechts und links im Straßengraben. Die Russen haben uns fünf Tage marschieren lassen, Gewaltmärsche, vierzig Kilometer am Tag. Inzwischen waren wir vielleicht dreihundert Mann. Die ersten zwei Tage hatten wir nichts zu essen. Am dritten Tag trieben sie uns auf einen Gutshof, und wir bekamen eine Suppe aus Runkelrüben.

Viele sind während dem Marsch zusammengebrochen und blieben liegen. Es gab nichts zu essen. Noch schlimmer war der Durst. Manche Landser haben aus Pfützen getrunken. Jeder wußte, daß man das nicht darf. Die bekamen prompt die Ruhr. Sie schleppten sich eine Weile weiter: abgemagert, Haut und Knochen und die Soße lief an ihnen hinunter... Und es dauerte nicht lang, und sie starben.

Die erste Zwischenstation war Bartenstein. Da gab es ein Gehöft, das war geplündert, aber sonst unversehrt. Jeder schaute sich nach einem Schlafplatz um, alles drängte ins Haus und in den Stall – dreihundert Leute! Schichold und ich hatten uns den Schweinestall ausgesucht, da wollte niemand hinein, weil es so fürchterlich stank. Den räuchern wir uns aus, meinte Schichold. Holz gab es ja genug: wir brauchten bloß die Kaninchenställe zerlegen. Ich zündete das erste Häufchen morscher Bretter an, während Schichold nochmal Nachschub holen ging. Plötzlich ertönte ein großes Geschrei im Schweinestall: Hej, wollt ihr uns braten?! Über dem Stall war ein kleiner Dachboden, auf dem es sich ein paar Landser bequem gemacht hatten. Das Holz brannte inzwischen wie Zunder, und die Flammen schlugen schon ziemlich hoch. Ich war fürchterlich erschrocken und rannte nach Eimer und Wasser. Ich konnte den Brand löschen, aber es qualmte mächtig, die ganze Gegend war in Wolken gehüllt.

Und schon stand ein russischer Offizier vor mir, brüllte: Sabotasch! Sabotasch! und riß die Pistole aus der Pistolentasche. Im nächsten Moment war auch der Schichold da, das Holz hatte er im Laufen fallenlassen. Er schrie mich an und haute mir dann eine Ohrfeige runter, daß mir Hören und Sehen vergingen. Dann redete er auf russisch auf den Offizier ein, der immer noch auf mich zeigte, Sabotasch – Sabotasch brüllte und wütend mit der Pistole herumfuchtelte. Ich stand wie gelähmt, nicht fähig, einen Mucks zu machen. Endlich steckte der Offizier die Pistole weg und ging. Mir war hundeelend, ich hatte butterweiche Knie. Später hab ich mich bei Schichold bedankt – wahrscheinlich hat er mir das Leben gerettet.

Das erste Gefangenenlager war in Borisow. Die Fahrt in Viehwaggons dahin dauerte mehrere Tage. Der Zug war so lang, daß es auf manchen Stationen gar nicht möglich war, alle mit Verpflegung zu versorgen, vor allem nicht mit Wasser. Zum Glück regnete es unterwegs, es tropfte durchs Wagendach, mit dem Kochgeschirr haben wir das Wasser tröpfchenweise aufgefangen.

Über dem Lagertor in Borisow stand: 'Kriegsgefangener, durch ehrliche Arbeit wäschst du den Schandfleck vom deutschen Volke.' Wir waren etwa 600 Mann. Am Abend war Zählappell. Da stellte sich einer vor uns hin, im Russenhemd, mit Koppel und Käppi mit Sowjetstern – er sah aus wie ein russischer Soldat und sagte auf kölsch: So, meine Herren, ich bin der Schliess-Karl von Kölle. Wir staunten. Der Schliess-Karl von Kölle las uns dann die Kriegsartikel vor und teilte uns mit, wer hier versuchen würde abzuhauen, der würde sich der Wiedergutmachung gegenüber der glorreichen Sowjetunion entziehen. Man würde versuchen, ihn mit allen Mitteln wieder zu kriegen, und danach gäb's nur noch eins: Straflager. Euch gehts gut, sagte dieser Obergefangene (so nannten wir die), solange ihr euch nichts zuschulden kommen laßt.

Das Lager in Borisow war ein Hungerlager. Hier herrschte die nackte Korruption. Der Schliess-Karl von Kölle steckte – das kam später raus – mit dem Natschalnik, dem russischen Vorarbeiter, unter einer Decke. Wir bekamen eine Suppe, die bestand nur aus Spreu. Alles andere haben die beiden verschoben. Der Schliess war ein Altgefangener, der schon 1943 in Gefangenschaft geraten war und die großen Fleckfieberepidemien in den Gefangenenlagern, die 1944 ausgebrochen waren, überlebt hatte.

Ich war körperlich vollkommen auf dem Hund. Ich dachte immer nur: du mußt durchkommen, du mußt überleben! Ich gelobte für mich, eine kleine Kapelle zu bauen, wenn ich die Gefangenschaft überstehe.

Wir haben in Borisow im Wald gearbeitet, im sogenannten Siloni-Lager. Das war ein riesiges Waldgebiet. Zuerst mußte eine Bahnlinie für den Holztransport gebaut werden. Ein Teil der Gefangenen war beim Bahnbau beschäftigt und ein anderer Teil beim Holzschlagen.

In der ersten Zeit hat es immer wieder Fluchtversuche gegeben. Einmal stiegen zwei nachts über den Zaun, dummerweise auf der Seite, auf der die Posten ihre Unterkünfte hatten. Die Wachen auf den Türmen hatten sie schnell entdeckt und ihre Scheinwerfer auf sie gerichtet. Die haben ein richtiges Scheibenschießen veranstaltet. Am nächsten Tag wurde das gesamte Lager an ihnen vorbeigeführt. Der eine lag am Kopf getroffen in einer Blutlache zwischen den beiden Zäunen, und der andere hing im Außenzaun.

In der Nähe des Borisow-Lagers. Schichold bekam das Bild von einem Russen und brachte es mit.

Es haben sich auch Gefangene erhängt. Das erlebte ich im Lager in Minsk, wohin ich nach einem Jahr kam. Manchmal überfiel einen auch der Lagerkoller. Über den wurde dann eine Decke geworfen, und vier oder fünf Mann haben ihn verprügelt.

In Minsk arbeitete ich auf dem Bau. Ich war, zusammen mit Viktor, einem Berliner, Handlanger bei drei russischen Maurerinnen. Die eine sprach sogar etwas deutsch. Das hatte sie in der Schule gelernt. Daß sie deutsch konnte, behielt sie jedoch lange für sich. Die Wortführerin war die Marussja, ein Weib mit einer Mordsschnauze (wie Viktor sagte), die uns tüchtig Dampf machte. Rastwor, dawai, dawai, rastwor! rief sie. Also Speis! Los! Wenn die zu dritt ihre Kellen schwangen, hatten sie einen enormen Verbrauch an Mörtel.

Viktor und ich mußten den Mörtel anrühren und beischaffen. Wenn die Maurerinnen Pause machten, durften wir ebenfalls ausruhen. Wir saßen dann auf den Speiskübeln, die wir umgedreht hatten. Einmal kam ein deutscher Kommandoführer vorbei, ein ehemaliger Offizier, sah uns sitzen und meinte: Hoi, ihr zwei, wenn ihr grad nix zu tun habt, dann kommt mal mit! Der wollte uns wegholen zu einer anderen Arbeit.

Dem hat die Marussja aber Bescheid gegeben! Er solle sich fortscheren. Wir hätten bereits gearbeitet und nun eine Pause verdient, wie sie auch. Gute Arbeiter dürften sich auch mal hinsetzen. Der ist ganz klein wieder abmarschiert.

Anfang 1947 wurden vom Roten Kreuz vorgedruckte Karten verteilt, die konnten auf einer kleinen Fläche beschrieben werden. Eine solche Karte hab ich nach

Schichold.

Hause geschickt. Sie ist auch angekommen, das war das erste Lebenszeichen von mir. Und nun bekam ich auch Nachricht von daheim.

Eines Tages saß Schichold mit einem Brief in der Hand auf der Pritsche. Ich schaute und sah, daß er heulte. Er hatte seiner Frau geschrieben, er lebe und werde vielleicht noch dieses Jahr entlassen. Und da mußte ihm seine Frau gestehen, daß sie seit zwei Jahren mit einem anderen zusammenlebte und von dem auch schon ein Kind hatte. Ich hab dazu gar nichts gesagt, sondern mich nur neben ihn gesetzt und ihm von meinem Tabak angeboten. Für mich hab ich nur gedacht, ich bin froh und dankbar, daß ich eine Frau wie Rita hab.

Immer wieder hieß es: 'Wir kommen bald heim'. Von unserem Lager aus konnten wir auf die Eisenbahnlinie sehen: da fuhr abends immer der Expreß Berlin – Moskau mit seinen blauen Waggons und den kleinen Lämpchen an den Fenstern vorbei. Von unserer Baustelle aus sahen wir auch die Züge mit den Entlassenen. Die Landser riefen und winkten. Und wir standen da und sahen ihnen nach. Unsere Russinnen haben uns dann getröstet und aufgemuntert und gesagt: ihr kommt alle nach Hause, skoro damoi, bald kommt ihr nach Hause.

Vor den Entlassungen standen die Verhöre. Von ihnen hing ab, ob man entlassen wurde oder nicht. Ein Schreiber sagte mir im Vertrauen, ich sei auf der Entlassungsliste, er nannte sogar das Datum.

Ich war furchtbar aufgeregt. Ich versuchte mich zu beruhigen, denn ich wußte, daß man ganz schnell von dieser Liste wieder gestrichen werden konnte. Zwei Tage vor dem Entlassungsdatum wurde ich zum Verhör geholt. Die russischen Offiziere hatten Dolmetscher. Der, mit dem ich zu tun hatte, sprach aber deutsch.

Er fragte mich, was ich gemacht habe. Ich sagte, ich war bei den Pferden, beim Troß. Was ich gefahren habe? Und ich Simpel sag, ich hab Verpflegung gefahren. Es war klar, daß ich dann auch Munition gefahren hab. Und wo? Im Wolchov-Gebiet, also oben in Leningrad. Und das war nochmal schlecht, denn anscheinend hatte dieser Offizier Verwandte in Leningrad während der Belagerung. Hat er gesagt: Sie schreiben jetzt genau auf, wo und was Sie gefahren haben. Das hab ich gemacht.

Das schriftliche Deutsch hat er anscheinend nicht gut gekonnt, denn er zog einen Dolmetscher hinzu, dem er mein Geschriebenes zu lesen gab. Der hat es übersetzt, und dabei ist der Offizier immer röter geworden im Gesicht. Am Schluß hat er mir das Papier an den Kopf geworfen und geschrien: Solange ich hier zu entscheiden habe, fahren Sie nicht nach Hause!

Ich war an diesem Tag sehr niedergeschlagen. Schichold hat mich zu trösten versucht, aber ihm ging es auch nicht gut. Daß wir am selben Abend doch noch Grund zum Lachen hatten, kam so: Es existierte im Lager ein sogenanntes Clubhaus. In dem gab es ab und zu Veranstaltungen: Lagerkonzerte, Vorträge und politische Abende. Die Propagandasachen waren die uninteressantesten, aber manchmal gehörte man zu denen, die hinmußten.

Bei den politischen Veranstaltungen wurde immer ein Ehrenpräsidium bestimmt:

man stellte einen Stuhl hin für den Genossen Marx, einen für den Genossen Lenin und einen für den Genossen Stalin. Und es gab ein 'normales' Präsidium, da waren der russische und der deutsche Lagerkommandant vertreten und ein paar andere. Die saßen alle vorn auf der Bühne, die mit roten Tüchern geschmückt war. Neben dem Präsidiumstisch stand das Rednerpult.

Da ging also jetzt der russische Politoffizier ans Rednerpult. Das war Oberleutnant Seidenwar, der stammte aus Wien und sprach so ein böhmisches Deutsch. Der Oberleutnant hatte eine Kriegsverletzung und benutzte einen Krückstock. Außerdem hatte er einen Hund, einen Spitz. Der wich ihm nicht von der Seite. Auch der Oberleutnant Seidenwar war ins Präsidium gewählt worden, und als er nun nach vorn ging, folgte ihm der Spitz und legte sich ihm zu Füßen.

Schließlich trat Seidenwar ans Rednerpult und hielt eine flammende Rede: 'Und Millionen und Millionen von deutschen Kriegsgefangenen, nohja, werden sie sitzen auf ihre Köffers und warten, bis sie sind zu Hause, und wirds doch bald sein.' Da tobte der Saal. Seidenwar wunderte sich, warum die Leute vor Lachen brüllten. Schließlich merkte er, was los war: Der Spitz stand mit erhobenem Bein und pinkelte ans Rednerpult.

Ende September 1948 – nachdem Schichold vor mir entlassen worden war – war es dann mit der Entlassung auch bei mir soweit. Wir wurden in Viehwaggons verfrachtet; dicht gepackt wie die Heringe ging es nach Westen. Es war eine lange Fahrt nach Hause...

Ich erinnere mich, wie wir abends durch Warschau fuhren, über die Weichsel, wie ich hinübersah zu den Lichtern der Stadt. In einer Kaserne in Frankfurt an der Oder bekamen wir fünfzig Ostmark Entlassungsgeld. Ich schickte ein Telegramm nach Hause und auch noch eine Postkarte. Der nächste Halt war in Oelsnitz an der thüringischen Grenze bei Hof. Hier waren wir für einen Tag in einem Schloß untergebracht und wurden bestens verpflegt. Alle bekamen eine DDT-Dusche – wir wurden von oben bis unten eingestäubt wie die Mehlsäcke. Am anderen Tag fuhren wir an die Zonengrenze. Dort mußten wir aussteigen und die letzten hundert Meter zu Fuß auf den Schienen nach Bayern hinüberlaufen. Drüben stand ein anderer Zug.

In Hof kam ein Sanitäter als Transportbegleiter zu uns in den Zug. Er sagte, in Ulm wäre noch einmal Station, wir müßten zu den Amerikanern zu einer Befragung. Wir kamen freitagabends in Ulm an, und da hieß es: Jetzt ist Wochenende bei den Amerikanern, ihr müßt bis Montag warten.

In Ulm war unser süddeutsches Grüppchen auf fünf Mann zusammengeschmolzen. Am Samstag besichtigten wir das Münster und beschlossen, abends ins Kino zu gehen. Wir standen an der Kinokasse an und fragten, ob wir nicht in den Film könnten, wir hätten aber kein Geld. Martin Romanac hieß der Film, das weiß ich noch. Woher wir kamen, sah man. Wir trugen noch unsere Gefangenenklamotten:

blauer Schlosseranzug, Russenmantel, Russenkäppchen und Holzpantinen. Die Kassiererin sagte, wir sollten warten. Kurz darauf schloß sie die Kasse und führte uns in den Saal – in die erste Reihe, Rasiersitz, aber das machte uns überhaupt nichts aus.

Am Montag sah ich dann in der Kienlesbergkaserne in Ulm meinen ersten Amerikaner – in Bügelfaltenuniform und mit Schlips und Kragen. Der Mann sprach perfekt deutsch, offenbar ein Deutsch-Amerikaner. Was er von mir hören konnte, hatte er wahrscheinlich schon von Hunderten anderer Heimkehrer gehört. Dann kam die Fahrt von Ulm nach Tuttlingen durchs Donautal. Ich hab zum Fenster rausgesehen und mir dämmerte, daß ich heimkomm. Wir waren alle ganz still und schauten nur in die Landschaft hinaus.

Bis Furtwangen ging es mit dem Bus, und ab da bin ich gelaufen. Ich wollte laufen, obwohl es noch ein hübsches Stück war. Es war ein bedeckter, windiger Nachmittag, aber die Sicht war gut. Ich erschrak: Der Schwarzwald war abgeholzt. Weite kahle Berge. Später erfuhr ich: das Holz ging nach Frankreich, das waren die 'Reparationshiebe'.

Und dann stand ich auf der Anhöhe und sah unten den Hof. Ich hab mich immer vom Wald oben (den gabs noch!) herunterkommen sehen – das Bild hab ich in all den Jahren vor Augen gehabt. Das hat mir Kraft gegeben. Ich sah jemand aus dem Stall kommen, ein Rind muhte, weiter entfernt erklang ein Hämmern. Ich nahm einen tiefen Atemzug von der heimatlichen Luft… Ich war daheim.

Landwirt

Was war das für ein Gefühl, als ich Rita nach so vielen Jahren wieder in die Arme schließen konnte! Wir brachten beide kein Wort heraus – aber Worte waren in diesem Moment auch nicht nötig. Ich war heimgekehrt, wir waren wieder beisammen.

Mein Haus stand noch, meine Familie lebte noch, ich hatte Arbeit. Das alles war damals für einen Heimkehrer nicht selbstverständlich. Doch viele Menschen waren weggerissen worden aus meinem Leben. Drei Monate vor meiner Heimkehr war meine Mutter gestorben. Rita hatte es mir noch nach Rußland geschrieben, aber der Brief hatte mich nicht mehr erreicht. Im letzten Brief, den ich von ihr erhalten hatte, erfuhr ich vom Tod Onkel Ludwigs. Onkel Hanno und seine Frau waren bei einem Bombenangriff auf Stuttgart 1944 ums Leben gekommen. Erwin galt als vermißt, ebenso Paul, Ritas Bruder.

Von den Hiesigen, hörte ich, war Stumpen-Kunle während des Krieges verschwunden. Als seine Verwirrung zunahm und er sogar vergaß, wo er wohnte, brachte man ihn in eine Anstalt. Ein halbes Jahr später bekam sein alter Onkel einen Brief, in dem ihm die Anstaltsleitung mitteilte, daß sein Neffe an 'Herzversagen' gestorben sei. Adam Dörle, Tante Irmelas Mann, war im Januar 1945 zum Volkssturm eingezogen worden und hatte durch einen Schießunfall die rechte Hand verloren.

Das alles waren schlimme Nachrichten. Aber die Erleichterung und die Freude von Rita und mir, daß ich heil aus dem Krieg heimgekehrt war und meine Kinder wieder in den Arm nehmen konnte, überwogen das andere. Erst jetzt, zu Hause, wurde mir klar, was für ein unwahrscheinliches Glück ich gehabt hatte. Es war, als wär ich neu geboren. Gleich nach meiner Rückkehr bin ich allein in die Kirche und hab meinem Herrgott für alles gedankt.

Die tägliche Arbeit war da und mußte gemacht werden. Aber ich war noch lange nicht im Vollbesitz meiner Kräfte. Alles brauchte seine Zeit. Es gab Augenblicke, da kam ich mir daheim vor wie zu Besuch. Manchmal drehte ich mich auch noch auf dem Feld oder im Hof nach den Wachposten um.

Hier waren die Wochen vor und nach Kriegsende besonders schwer gewesen. Deutsche Truppen auf dem Rückzug waren durchs Tal gekommen, es hatte Einquartierungen gegeben. Soldaten strichen herum und beschlagnahmten Fahrräder. Man gewöhnte sich daran, lebenswichtige Dinge zu verstecken.

Täglich, sagte Rita, habe man die Bomberstaffeln der Engländer und Amerikaner gegen Osten fliegen sehen, Hermann habe oft mehr als vierzig Flugzeuge auf einmal gezählt. Als sie Ulm bombardierten, habe hier oben der Boden vibriert. Und immer wieder Tiefflieger, die auf alles schossen, was sich bewegte.

Dann das Kriegsende und die Besatzung. Untergetauchte Landser, umherstreifende ehemalige Kriegsgefangene und französische Patrouillen erschienen auf dem Hof. Es hatte einige kritische Situationen gegeben. Die Anwesenheit von Stanislaw, Paraska und Hilde hatte das Schlimmste verhütet. Hilde hatte Urlaub genommen und war für einige Wochen auf den Hof gekommen, weil sie das Gefühl hatte, daß sie da gebraucht wird. Besatzungssoldaten und ehemalige Zwangsarbeiter, die auf der Jagd waren nach Lebensmitteln, Kleidern und Schmuck, streiften durch die Gegend. Es war auch zu Vergewaltigungen gekommen. Auf der Herfahrt aus der Gefangenschaft hatte man schlimme Geschichten erzählt, und ich war in großer Angst um Rita gewesen.

Ein frühes Foto von Johanna.
Das Bild stammt aus den
fünfziger Jahren.

Der Hof hatte mehrmals 'Besuch' bekommen. Zuerst waren umherziehende Polen aufgetaucht, die es auf das letzte Fahrrad abgesehen hatten. Paraska riß es ihnen aus den Händen und schrie, das sei ihr Rad. Ein anderes Mal stellten sich Stanislaw und sein Freund Frantisek mit dem Gewehr einer Gruppe Ukrainern entgegen, die ein trächtiges Schaf mitnehmen wollten. Die schnappten sich dann ein paar Hühner und erschossen Herko, als der sie wütend anbellte.

Stanislaw benutzte in diesen Wochen die Flinte auch, um Rehe zu schießen, so daß es fast jede Woche Rehbraten gab. Ich hatte bei einem ersten Rundgang durch den Wald schon bemerkt, daß die Weißtannen gut hochgekommen waren – kein Wunder, nachdem es kaum noch Rehe gab, die die Triebe fraßen.

Stanislaw und Paraska fuhren im Spätsommer 1945 mit einem Transport nach Polen beziehungsweise in die Ukraine zurück. Paraska habe geheult, als sie fortging, berichtete Rita. Und Stanislaw war der Abschied speziell von Franz schwergefallen. Immer wieder hatte der kleine Franz gesagt: Gell, Stani, du kommst wieder?

Kurz nach Kriegsende war Frieder mit Frau und Kindern auf den Hof gekommen. In der Stadt hatten sie zuletzt im Keller ihres halb zerbombten Hauses gelebt. Es gab keine Arbeit, nichts zu essen und keine Heizung. Hier auf dem Hof war Frieder immer noch zu Hause, hier konnte er arbeiten. Nach Mutters Tod vor einem Jahr war er mit seiner Familie ins Ausgeding gezogen.

Aber nicht nur Frieders Familie fand Unterschlupf. Auf vielen Bauernhöfen der Umgebung waren Flüchtlinge und Ausgebombte einquartiert. Die Wohnungsnot war groß. Auf unserem Hof wohnte noch die Frau Schnabel aus Bochum – ihr Mann war vermißt – und ein Einzelkind, die Johanna, deren Eltern beim Angriff auf Dresden ums Leben gekommen waren. Ihre Geschwister galten als verschollen. Das Mädchen konnte nach der Auflösung des hiesigen Lagers der Kinderlandverschickung Anfang 1945 nicht mehr nach Hause zurück, weil es dieses Zuhause nicht mehr gab. So war ihr von den Behörden unser Hof als vorläufige Bleibe zugewiesen worden. Johanna war zehn Jahre alt, als ich sie zum ersten Mal sah, ein ernstes, mageres Kind mit großen Augen. Wer hätte gedacht, daß dieses scheue Mädchen einmal Bäuerin auf diesem Hof sein würde!

Einquartierungen gab es auch beim Nachbarn, beim Weber-Bauern. Der alte Weber war vor zwei Jahren gestorben. Jetzt bewirtschaftete die Weber-Bäuerin mit ihrer Tochter, der Lioba, und einem Knecht das kleine Anwesen. In den Dienstbotenkammern wohnten Flüchtlinge aus dem Sudetenland.

Rita erzählte von den harten Jahren gleich nach dem Krieg, als der blanke Hunger herrschte und die Freiburger in Scharen zum Hamstern auf die Höfe kamen. Silberbesteck, Schmuck, Pelze und Teppiche wurden gegen Mehl, Brot, Eier und Kartoffeln eingetauscht. Aber es wurde nicht nur getauscht, es wurde auch geklaut, was nicht niet- und nagelfest war. Sogar die Transmissionsriemen auf der Säge waren gestohlen worden.

Gleich nach Kriegsende war der Ortsbauernführer Benneter von den Franzosen geholt und in ein Internierungslager gesteckt worden. Über ein Jahr war er fort, irgendwo in der Nähe von Freiburg. Dann kam er wieder, als sei nichts gewesen – er war 'entnazifiziert'.

In diesen Jahren hungerten und froren die Menschen, aber sie waren froh, den Krieg überstanden zu haben. Es gab viele Arbeitslose, viele Flüchtlinge, Kriegsinvaliden, Kinder ohne Eltern... Die Läden waren leer, der Schwarzmarkt blühte. Dann kam kurz vor meiner Heimkehr 1948 die Währungsreform, und über Nacht war alles wieder zu haben – ein neuer Zeitabschnitt hatte begonnen.

Zwei Wochen nach meiner Ankunft fuhr ich nach Freiburg zum Roten Kreuz, um die Liste meiner Einheit einzusehen und Angaben über Vermißte und Gefallene zu machen. Die Stadt war voller Trümmer und sah schrecklich aus. Ich besuchte auch Elisabeth. Blaß und schmal sah sie aus. In ihrer winzigen Kammer in Neumanns Wohnung (das Haus war von Bomben verschont geblieben) machte sie mir 'einen echten amerikanischen Nescafé'. Sie trug Perlonstrümpfe und Stöckelschuhe. Seit einiger Zeit arbeitete sie als 'Kontoristin' in Neumanns Fabrik, in der inzwischen nicht mehr Kartuschen, sondern Kochtöpfe hergestellt wurden. Ab nächsten Monat, sagte Elisabeth, werde sie in Abendkursen Stenografie und Schreibmaschine lernen.

Nach langer Zeit sah ich auch Tante Irmela wieder. Sie umarmte mich und sagte 'Ach Gott, Willi!' Mich wunderte, was für ein kleines, zartes Fraule sie geworden war. Adam gab mir die Linke, rechts trug er eine Prothese. Von dem Schießunfall im Krieg war ihm ein Zucken im Gesicht geblieben.

Zwei junge Hunde sprangen in der Wohnung herum, schöne Wolfspitze. Ich wunderte mich. Du hast keinen Papagei mehr? fragte ich Tante Irmela. Sie schüttelte den Kopf. Ihr Jobi war vor Schreck tot vom Stengel gefallen, als ein Tieflieger über den Ort hinwegdonnerte. Adam erzählte, die Hunde hätten sie herrenlos auf der Straße gefunden. Nimm doch einen! bat Tante Irmela.

Es waren reinrassige Tiere, das sah ich. Der eine hatte eine besonders schöne Zeichnung, er gefiel mir. Der letzte Hund auf dem Hof, Herkos Nachfolger, war vor einem Jahr verschwunden und nie wieder aufgetaucht. Den habbe se gfange un gfresse, war Tante Almas Vermutung. Auf den Hof gehörte ein Hund. Ich nahm den Wolfspitz mit. Er bekam den Namen Bauscher, weil er als kleiner Kerl so bauschig war.

Als ich mit ihm auf den Hof zurückkam, trieb Markus gerade die Herde heim. Er war jetzt der Hirtenbub und seine Schwester Trude, die 'Bischu', Hirtenmaidli. Er war so alt wie Hermann – und viel mehr als für Tiere und Landwirtschaft interessierte er sich für alles Technische – vor allem für Flugzeuge.

Der alte Pfarrer Haas war auf dem Hof, er stand am Zaun des Gemüsegartens und unterhielt sich mit Tante Alma. Er freute sich, mich wiederzusehen. Drinnen im Haus hörte ich Ritas laute Stimme. Da wurde jemand 'der Rost runtergemacht'. Als ich reingehen wollte, um nachzusehen, hielt mich der Pfarrer fest. Laß es die Rita zu Ende bringen, sagte er, ich denke, es reicht, wenn sie ihm den Kopf wäscht. Es ging um Hermann. Der hatte auf ein Paar neue Schuhe gespart. Als ihm nur noch eine Mark fehlte, nahm er sie am Sonntag in der Kirche aus dem Klingelbeutel, den der Meßdiener herumreichte. Pfarrer Haas hatte es aber beobachtet... Deswegen war er aber nicht gekommen. Er war gekommen, um mit mir über die Einweihung der Hauskapelle zu sprechen, die ich bauen wollte.

Im Nachhinein kommt es mir vor, als seien die ersten zwei, drei Jahre zu Hause so schnell vergangen wie Wochen. Alles war im Aufbruch. Alle Kraft wurde eingesetzt, um das Zerstörte wieder aufzubauen und etwas Neues zu schaffen. Mit Frieder war ich in allem, was den Wald und die Sägemühle betraf, einig. Es tat gut, daß er mit seiner Familie auf dem Hof war.

In dieser Zeit lernte ich auch den Daume-Hubert kennen. Es gab wieder eine Zego-Runde im 'Löwen', und da war er von Anfang an dabei. Er stammte aus dem Nachbartal, wo er seinen Hof aus gesundheitlichen Gründen dem Bruder übergeben hatte. Jetzt war er Vertreter für Landmaschinen, und er gehörte zu denen, die sich in dieser Branche eine goldene Nase verdienten. Wir waren viel zusammen auf der Jagd. In seiner ruhigen Art erinnerte er mich manchmal an Georg.

Unsere Zego-Runde. Direkt herschauend der Daume-Hubert.

Ab 1951 kam die Hochmoser-Marili, unsere Ankenhändlerin, nicht mehr auf den Hof: Sie hatte, zusammen mit ihrer Schwester, einen Milchladen im Ort aufgemacht. Wir belieferten sie weiterhin mit Butter und wenn es sich einrichten ließ, übernahm ich die Lieferung. Ich ging gern in den Laden, denn der war sehenswert.

Er war klein und eng, und die Hochmoser-Schwestern waren groß und dick. Man mußte die beiden Schwergewichte gesehen haben, wie sie hinter der Ladentheke die Kunden bedienten! Aneinander vorbeigehen konnten sie nicht. Also bediente die eine immer nur auf der rechten Seite und die andere auf der linken. Und die Ware aus den Regalen reichte die eine zur anderen hinüber. Da sie sich nicht allzu schnell bewegten, brauchte man für einen Einkauf bei ihnen seine Zeit. Das war aber ganz recht so, denn die meisten gingen zu den Hochmoser-Schwestern nicht nur um einzukaufen, sondern auch wegen eines Schwätzchens. Im Milchladen war immer das Allerneueste zu erfahren.

Hier traf ich nach vielen Jahren auch den Dolfi wieder. Er sah verwildert aus wie immer, aber er strahlte mich an, als seien wir immer schon die dicksten Freunde gewesen. Inzwischen wurde der neueste Klatsch ausgetauscht: Liobas Verlobter hatte sich davongemacht. Ich hatte gar nicht gewußt, daß Lioba verlobt gewesen war. Er war Schauspieler bei der Bauerntheater-Truppe gewesen, die im 'Löwen' das Stück vom 'Vogt auf Mühlstein' aufgeführt hatte. Nun war der Mann mitsamt dem Sonntagsanzug vom alten Weber verschwunden.

Ich fragte den Dolfi, ob er Interesse an Arbeit habe. Er meinte: Wenn sie gut bezahlt wird. Ich wußte, daß er ein geschickter Maurer war, ich wollte, daß er mir half, die Kapelle zu bauen. Frieder hatte einen Bauplan gezeichnet, und das Fundament war schon gelegt. Also kam Dolfi wieder einmal zu uns auf den Hof – in der Tasche eine Flasche Schnaps. Die hatte er jetzt immer dabei, und regelmäßig kippte er einen.

Das wußte ich natürlich am Anfang nicht. Ich merkte es aber im Laufe der Zeit. Dolfi war ein guter Handwerker, und wenn es bei ihm flott lief, schaffte er was weg. Nur ausdauernd war er nicht. Es ging meist nicht lang, und es fiel ihm irgendeine Ablenkung oder ein Blödsinn ein. Bei uns auf dem Hof war er schnell gut Freund mit den Kindern, vor allem mit Franz und Heinz. Er spielte ihnen Mundharmonika vor, blies Lieder auf dem Kamm und zeigte Zaubertricks.

Als ich eines Nachmittags vor die Tür trat, sah ich drüben bei der Baustelle Dolfi und die Kinder, Hermann war auch dabei. Die schlugen sich vor Lachen auf die Schenkel. Im Gärtchen daneben torkelten die Hühner herum, spreizten die Flügel, hopsten, fielen zu Boden und gackerten. Dolfi und die Kinder hatten die Hühner mit Schnapsbrotwürfeln besoffen gemacht.

Die Hochmoser-Schwestern.

Dann starben kurz hintereinander Ritas Eltern. Der Sandelbauer Ende 1951 und die stille Sandelbäuerin gleich Anfang 1952 – als wollten sie auch im Tod nicht lange voneinander getrennt sein. Brigitte war jetzt allein auf dem Anwesen. Einige Äcker und Wiesen verpachtete sie, die große, am Oberen Schlag angrenzende Wiese an mich.

Rita hatte ein gutes Verhältnis zu ihrer Schwester, obwohl die Frauen grundverschieden waren. Ich glaube, Brigitte litt darunter, daß sie keine Kinder hatte. Ihr Mann war im Polenfeldzug gefallen. Sie lebte mit einem alten Knecht und einer noch älteren Magd auf dem Hof. Ihre Haupteinnahmequelle war inzwischen die Sandgrube. Nach Baumaterial war die Nachfrage groß.

In letzter Zeit sahen sich die Schwestern öfter. Rita ging wohl auch meinetwegen mehr als früher zum Elternhof hinüber. Ich lag nämlich mit ihr in einem kleinen Dauerstreit. Mich regte auf, daß die Johanna jede Woche zum Konfirmandenunterricht ging. In diesem Jahr sollte sie konfirmiert werden, sie war ja evangelisch. Mir paßte es nicht, daß sie zu diesem Unterricht ging. Das ist ein katholisches Haus, sagte ich. Der Konfirmandenunterricht fand in der Stube des Forstmeisters statt. Der war auch evangelisch. Einmal in der Woche kam ein evangelischer Lehrer zum Unterricht. Wenn Johanna fehlte, fiel es auf – es gab nur drei Schüler. Was soll denn der Forstdirektor von uns denken, sagte Rita, wenn wir die Johanna nicht gehen lassen!

Einmal fing ich Johanna im Hof ab. Wo willst du hin?

Ich hab Konfirmandenunterricht.

Du bleibst da, sagte ich, ich brauch dich zum Holzaufschichten.

Aber – !

Nix aber.

Das Mädchen rannte in die Küche zu Rita, und die winkte ihr, zu gehen. Jetzt gerieten Rita und ich uns wieder in die Haare. Derweil schnappte sich Johanna das Fahrrad und fuhr davon. Ich schrie Rita an. Ich wußte, daß ich im Unrecht war, aber ich wollte meinen Willen durchsetzen. Du bist wie dein Vater! rief mir Rita zu. Johanna war ja ein tüchtiges Mädchen. Sie packte an und scheute sich vor keiner Arbeit. Inzwischen gehörte sie zur Familie. Vielleicht wollte ich gerade deswegen, daß sie auch unseren Glauben teilte.

Dann brach sich Rita den Fuß, und Johanna blieb von der Schule daheim und machte den Haushalt. Das war mir auch wieder nicht recht, daß sie von der Schule wegblieb. Ach, es ist ja sowieso das letzte Schuljahr, meinte Johanna. Aber zum Konfirmandenunterricht wollte sie. Sie habe zu lernen für die Konfirmandenprüfung, die finde in der Kirche statt, und da wolle sie sich nicht blamieren. Sie hatte Angst vor meinem Nein und schlich sich heimlich davon. An diesem Tag war gerade die Maria zum Aushelfen da. Als sie mein wütendes Gesicht sah, fragte sie: Was hat der Wilhelm? Rita erklärte es ihr. Maria schaute mich an, wollte etwas sagen, schwieg dann aber. Ich wußte, was sie hatte sagen wollen: Denk an deine Mutter und an deine Tante Antonia!

Tante Antonia war voriges Jahr gestorben. Sie hatte bis zuletzt allein in den zwei Zimmern über dem Engländer-Herrle gewohnt. Als wir ihre Wohnung auflösten, fand ich in einer Schublade einen Stoß alter linierter Kanzleibögen – aus denen sie für mich immer die Schiffchen, Helme und Tiere gefaltet hatte.

Maria wohnte in dem kleinen Taglöhnerhäusle neben dem 'Löwen', das sie und Josef noch vor dem Krieg bezogen hatten. Hinter dem Haus gab es einen Garten und ein winziges Feld, auf dem sie Kartoffeln pflanzte. Ihre Kinder waren in Hermanns und Heinzens Alter und würden bald aus dem Haus gehen. Maria half immer öfter bei uns auf dem Hof.

Der Bau der Kapelle ging nur langsam voran, er war während der Winterzeit ganz unterbrochen worden. Zwischendurch war Dolfi auch krank gewesen. Er hatte gut gearbeitet und mit Geschick ein kniffliges Problem beim Mauern der Rückwand gelöst. Doch gab es immer wieder Tage, da erschien er erst gegen Mittag, weil er, auf deutsch gesagt, seinen Rausch ausschlafen mußte.

Eines Morgens ging ich hinüber zum Bau, man konnte schon erkennen, wie das Kirchlein werden würde. Nur noch eine Wand mußte zu Ende gemauert werden. Es ging schon auf zehn Uhr zu, von Dolfi war weit und breit nichts zu sehen. In der Mörtelwanne steckte noch die Schaufel. Als ich sie anpackte, war sie einzementiert. Der Mörtel in der Wanne war steinhart.

Ich hab einen richtigen Wutanfall bekommen. Dieser Kerl! Das war doch eine Riesenschweinerei! Schmeißt der von einem Tag auf den anderen den Bettel hin und macht sich davon! Rita versuchte mich zu beruhigen, sie sagte, vielleicht ist was passiert, vielleicht ist er krank. Aber ich wußte, daß er einfach abgehauen war – ohne ein Wort zu sagen, ohne Ankündigung, ohne daß es vorher den geringsten Streit gegeben hatte.

Später stellte sich heraus, daß er am Nachmittag zuvor von einem Bauunternehmer von der Stelle weg abgeworben worden war. Der war auf dem Sandelhof gewesen und hatte auf dem Rückweg zu seinem Auto Dolfi bei der Arbeit gesehen. Er hatte ihm den doppelten Stundenlohn geboten, wenn er sofort mitkäme. Es sei eine Terminarbeit, eine Baustelle in der Stadt, sein Polier sei krank geworden. Und Dolfi hatte die Schaufel in die Mörtelwanne gesteckt, seine Tasche genommen und war mit.

Ein Foto von Maria und mir, ein Jahr, bevor sie starb.

Im Frühsommer kam der 'Tiroler', der für den Daume-Hubert arbeitete. Der Mann war von hier, wurde aber wegen seines Hutes, den er nie abnahm, Tiroler genannt. Er brachte 'den Kasten' mit. Das war die neueste Erfindung – ein 'Elektroweidezaun': ein Kasten und ein einfacher Draht. Das kostete nicht die Welt, und der Daume-Hubert behauptete, es funktioniere.

Wir steckten hinter dem Haus provisorisch ein Viereck ab, klopften ein paar Pfähle in den Boden, und der Tiroler zog den Draht von einem Pfosten zum nächsten. Dann legte er eine Leitung von unserem Stromnetz zum 'Kasten'. Der halbe Hof stand um den Mann herum – das Ganze sah so ungeheuer simpel aus, zu simpel, dachten wir. Meine Vorstellung war, daß der Draht heiß wird.

Hermann und Heinz waren von der Schule schon daheim und machten ihre Sprüche über den 'drahtigen Hirtenbuben'. Ein bißchen ging das auch gegen den Tiroler, der sich aber nichts anmerken ließ. Schließlich mußte der Hirtenbub ein paar Kühe in die Umzäunung treiben. Dann rief der Tiroler dem Hermann im Haus zu: Tu den Stecker nei! Hermann machte es und kam zurück zur Koppel. Und jetzt sag mer guten Tag, du Stoffel, meinte der Handwerker, der mit seinen dicken Gummistiefeln am Zaun stand und den Draht hielt, während er Hermann die Hand hinstreckte. Hermann hielt das Ganze für einen Witz und schlug ein – und machte einen Riesensatz rückwärts. Der Tiroler grinste und zog vergnügt an seiner Pfeife. So funktioniert's, sagte er, man kriegt einen Schlag.

Ich weiß noch, ich dachte, das ist eine praktische Erfindung. An diesem ersten Tag der Vorführung wäre ich aber nie auf die Idee gekommen, daß wir schon ein paar Jahre später keinen Hirtenbuben und kein Hirtenmaidli mehr haben würden, weil alle unsere Wiesen einen elektrischen Weidezaun hatten.

Die fünfziger Jahre waren für uns Bauern eine gute Zeit. Von Überproduktion war noch nicht die Rede. Jeder Liter Milch, jeder Zentner Kartoffeln brachte Geld. Was sich ankündigte, war der Einsatz von immer mehr Maschinen in der Landwirtschaft. Der elektrische Weidezaun war nur ein Beispiel.

Durch meine Bekanntschaft mit dem Daume-Hubert war ich über den neuesten Stand der Technik immer auf dem laufenden. Ich erinnere mich an einen Satz von ihm, der mir zu denken gab: 'Die Zeit des Pferdegespanns ist vorbei.' Irgendwie erschreckte mich das. Für mich gehörte das Zugochsen- und das Pferdegespann seit Jahrhunderten zum Schwarzwälder Bauernhof. Und doch wußte ich, daß der Daume-Hubert recht hatte. Ich brauchte mich ja nur umzusehen: nach und nach kaufte sich ein Bauer nach dem anderen einen Traktor.

Wir lebten in einer Aufbruchstimmung, wir waren voller Optimismus – jedenfalls im Westen. In der Ostzone kam es im Juni zu einem Aufstand der Arbeiter gegen die kommunistische Regierung. Als sie es in den Nachrichten brachten, saßen wir in der Stube, und meine Cousine Hedi erzählte gerade von Liobas Hochzeit. Lioba und Dolfi hatten geheiratet. Wir Fallers waren natürlich nicht eingeladen, wir wären ja auch nicht hingegangen. Ich hatte nichts gegen die Lioba, aber auf den Dolfi war ich nicht mehr gut zu sprechen.

Die Hedi war als alte Freundin von Lioba bei der Hochzeit. Sie erzählte, daß auch der Benneter-Toni dagewesen sei, seine Tochter war mit der Lioba gut bekannt. Am Abend, als alle schon tüchtig gebechert hatten, war er mit der Fahnenmast-Geschichte gekommen. Wenn er, der Benneter, damals nicht gewesen wäre, hätte der Dolfi ins Gefängnis müssen. Er habe, verkündete er, 'das Schlimmste verhütet'. Niemand, erzählte Hedi, habe was dagegen gesagt, obwohl genügend Leute im

Raum gewesen waren, die noch wußten, wie es sich seinerzeit wirklich zugetragen habe. Der Dolfi, der schon ziemlich betrunken gewesen sei, habe sich vor den Benneter hingestellt, den Arm hochgerissen und 'Heil Hitler!' gerufen. Du bist ja besoffen, soll der Benneter gesagt und dann gelacht haben.

Der versuchte Stimmung für sich zu machen. Benneter wollte nämlich in den Gemeinderat gewählt werden. Mit der Politik hatte auch ich zu tun. Ich ließ mich nämlich vom Daume-Hubert überreden, in die hier bei uns bestimmende Großpartei einzutreten, in deren Vorstand er saß. Erst dachte ich, warum nicht, ein bißchen Erfahrung hast du ja, vielleicht können die mit meinen Rat was anfangen. Wahrscheinlich hat es mir auch geschmeichelt, daß sie mich haben wollten und sagten, dich könnten wir gut gebrauchen.

Es gab dann eine Versammlung, auf der die Kandidaten für die Gemeinderatswahl bestimmt werden sollten. Es war absolut selbstverständlich, daß auch der Benneter-Toni aufgestellt wurde. Das hat mich nicht überrascht. Der Benneter war wieder ganz obenauf. Was mich ärgerte, war, daß er schon wieder das Maul so weit aufriß. Er fuhr den anderen über den Mund und spielte den Kapo.

Vorn der Benneter-Toni.
Das Bild war in Tante Irmelas
Fotoschachtel.

In dieser Versammlung gerieten wir bös aneinander. Ich sollte mich nämlich ebenfalls als Kandidat aufstellen lassen. Ich war unsicher. Eigentlich wollte ich nicht. Dann dachte ich, jetzt hast du A gesagt, jetzt mußt du auch B sagen. Dem Benneter hat meine Kandidatur nicht geschmeckt, das hab ich gleich gemerkt. Er sagte: Ist doch klar, daß der Wilhelm kandidiert – wer was hat, der hat auch was zu sagen! Ich hab diese Anspielung gleich verstanden, denn sowas ähnliches hab ich vor fünfundzwanzig Jahren mal zu ihm gesagt.

Ich antwortete, das hätte ich mir nicht träumen lassen, daß ich mal mit dem Benneter-Toni in ein und derselben Partei sein würde. Sagte der Benneter – und auch das war eine Anspielung: Das hätt'sch scho früher haben können. Dann ich: Da hätt' ich aber 'früher' keinen Wert drauf gelegt. Er: Kein Wunder, bei der Verwandtschaft, da färbt eben doch manches ab. Damit meinte er die linke politische Einstellung von Onkel Ludwig und Onkel Bertram.

Die Sache schaukelte sich hoch, es wurde schnell sehr laut. Der Daume-Hubert und andere versuchten zu beschwichtigen, aber es war, wie wenn man in eine Eiterbeule gestochen hätte – der Dreck mußte raus. Schließlich nannte er mich einen verkappten Kommunisten und ich ihn einen Drückeberger und Denunzianten.

Die Versammlung endete in einem Tumult und wurde abgebrochen. Das hat mich aber nicht gejuckt. Ich war froh, mit dem Benneter mal reinen Tisch gemacht zu haben. Was mir leid tat, war, daß mein Verhältnis zum Daume-Hubert wegen dieser Sitzung getrübt wurde. Er hatte mich in die Partei geholt und nun 'sowas'…

Die Verstimmung dauerte aber nicht lange. Mein Ausflug in die Politik war mit dieser Geschichte erledigt. Schon bei der Einweihung unserer Kapelle, die im Sommer stattfand, war der Daume-Hubert wieder dabei. Ich hatte ihn eingeladen, um die Sache aus der Welt zu schaffen, und er war gekommen.

Auch Hilde war da – ich konnte immer noch nicht Schwester Gertrudis zu ihr sagen. An ihrem freundlichen Wesen hatte sich nichts geändert, nur etwas rundlicher war sie geworden. Als ich es ihr sagte, antwortete sie: Wart nur ab, bis du in meinem Alter bist! Als Hermann und Heinz zufällig neben ihr standen, beide hochaufgeschossen, und auf sie 'herabsahen', schüttelte sie den Kopf und meinte: Ich weiß nicht, früher waren die Kinder kleiner.

Als wir nach der Andacht in der neuen, sehr schön gewordenen Kapelle im Hof noch eine Weile beieinanderstanden, sah ich, wie sich Hermann und Johanna an den Händen hielten. Abends sprach ich mit Rita darüber, ich sagte, daß mir das nicht paßt. Wir lagen schon im Bett, Rita las und fragte hinter der Zeitschrift vor: Und warum nicht? Weil – die Johanna ist eben doch nicht von hier! antwortete ich. Rita schaute mich über den Rand der Zeitung nur an und sagte nichts.

Ich vergaß die Geschichte auch wieder, denn ich hatte den Kopf voll mit anderen Sachen. Wir bauten gerade unsere beiden Hochsilos. Das waren noch Holzsilos, ziemlich klein, jedes hatte dreißig Kubik – also ein Fingerhut im Vergleich zu dem, was heutzutage hingestellt wird. Hermann hat sich damals für den Bau der Silos stark gemacht.

Nun war ja die Silierung nichts Unbekanntes, sie war schon vor dem Krieg bekannt, aber durchgesetzt hat sich die Idee bei uns erst in den fünfziger und sechziger Jahren. Hermann hatte viel darüber in der Landwirtschaftsschule gehört und mich seitdem gedrängt, mit der Futtersilierung anzufangen. Wenn es etwas Neues gab, war er immer gleich mit von der Partie. Da war er schnell zu begeistern. Dann drängte er und lag mir damit in den Ohren.

Im gleichen Jahr schafften wir auch unseren ersten Traktor an, einen Lanz, sechzehn PS, noch ohne Allrad, Zapfwelle und Hydraulik. Aber was Neues und Praktisches – Hermann war von dem Ding nicht mehr runterzukriegen. Und zu Weihnachten bekam Rita eine Waschmaschine, die Schleuder gab's extra. Diese Anschaffungen waren nur möglich, weil der Holzpreis so gut stand. Der Wald war eben nicht nur ein Stück Natur, das ich liebte. Er war auch Kapital, auf das wir nun zurückgriffen. Auch die Säge brachte einiges ein. Sie war voll ausgelastet. Seit einem Jahr half dem Frieder ein zusätzlicher Mann.

Als wir den Lanz noch nicht hatten, haben wir uns manchmal für besonders schwere Waldarbeiten den alten Traktor vom Zimmermann-Bauern ausgeliehen.

1956 kam Maria wieder auf den Hof. Ihr ältester Sohn war in die Stadt gezogen, Maria blieb mit der Tochter, die eine Lehre machte, in ihrem Häuschen, das ich 'Knusperhäuschen' nannte, weil es so klein und verwinkelt war. Maria, die viel in der Nachbarschaft herumkam, hatte natürlich auch schon Liobas Kind, den kleinen Hänsel, gesehen. Der war so unruhig wie sein Vater und so dunkelhaarig wie die Mutter.

Als Maria von dem Buben erzählte, saßen wir auf der Bank vor dem Haus, und die Frauen putzten Bohnen. Es war einer der letzten schönen Spätsommertage, an denen die Luft so klar ist, daß man oben an der Straße bis zu den Vogesen sehen konnte. Dann war in der Ferne ein Geräusch zu hören, das wir inzwischen gut kannten – Hermanns Motorrad. Er hatte an der Haltestelle Heinz aufgelesen, der mit dem Bus aus der Schule kam.

Heinz ging in der Stadt aufs Gymnasium – der erste Faller, der das Abitur machte. Er lernte gut und leicht – die Schule machte ihm keine Schwierigkeiten. Hermann nannte ihn spöttisch: 'Unser Musterschüler'. In der Bemerkung lag aber auch Respekt. Jedenfalls kamen Hermann und Heinz gut miteinander aus – im Gegensatz zu Hermann und Franz: die waren schon von klein auf wie Hund und Katz.

Mir fiel auf, daß Heinz großen Wert auf seine Kleidung legte. Er sah immer aus wie aus dem Ei gepellt. Für Kleider sparte er sein bißchen Geld zusammen, und wenn er sich zu Weihnachten oder zum Geburtstag etwas wünschte, waren es immer Sachen zum Anziehen. Das war neu in unserer Familie – obwohl bei uns auf ordentliche Sonntagskleider immer geachtet worden war. Nach zwei, drei Jahren legte sich Heinzens 'Kleiderfimmel' (wie Hermann es nannte) wieder. Später, als Priester und Missionar, hab ich ihn immer sehr einfach und bescheiden gekleidet erlebt.

Etwas von diesem 'Hang zum Vornehmen' (so Tante Alma) war noch bei Franz zu finden, aber da hatte es auch etwas mit dem Beruf zu tun. Franz hatte beschlossen, im nächsten Jahr, nach der Mittleren Reife, eine Lehre als Bankkaufmann anzufangen. Eine Lehrstelle würde er finden, da war er sich sicher. Ich zweifelte auch nicht daran, denn Franz hatte schon als Kind gern gerechnet und sich selbst Papiergeld gemalt.

Nach dem Essen machte ich mit Bauscher einen Spaziergang. Bauscher war mit seinem schön gezeichneten Fell ein richtiger Vorzeigehund geworden. Als ich zurückging, sah ich auf der Straße zum Hof ein Auto kommen. Aus der Entfernung konnte ich nur sehen, daß zwei Leute drin saßen, ein Mann und eine Frau. In der Frau erkannte ich schnell unsere Elisabeth, aber wer war der Mann? Ihr Verlobter? Dann waren sie nahe genug, und der Mann drehte mir das Gesicht zu – es war Schichold!

Schichold hatte Elisabeth an der Bushaltestelle nach dem Fallerhof gefragt. Da will ich auch hin, hatte sie gesagt. Von Schichold hatte ich vor etwa zehn Monaten einen Brief bekommen, in dem er erwähnte, daß er im kommenden Jahr beruflich in der Freiburger Gegend zu tun habe. Ich schrieb ihm, er solle kommen, er sei herzlich eingeladen. 1948, vor acht Jahren, hatten wir uns das letzte Mal gesehen. Eine Ewigkeit war das her!

Schichold war scheinbar immer noch derselbe. Als er auf mich zukam und mich umarmte, war er der alte, vertraute Freund. Dann ging er zu seinem Auto, einem

Ein Foto von Heinz aus seiner 'eleganten' Zeit.

klapprigen Opel, und holte seine Tasche. Es war seltsam, Schichold mit einer Aktentasche zu sehen.

Den ganzen Nachmittag sprachen wir über früher, über den Krieg, die Gefangenschaft, die Kameraden... Die anderen in der Stube saßen um uns herum und hörten zu, aber ich glaube, Schichold und ich nahmen sie gar nicht richtig wahr.

Und wie ist es dir inzwischen gegangen? fragte ich. Naja, sagte Schichold. Er kam mir jetzt unsicher vor. Ich dachte, vielleicht hängt das mit seiner Ehe zusammen. Von sich zu reden, war ihm anscheinend unangenehm. Also erzählte ich von mir, von der Familie, vom Hof, von den Maschinen, die ich angeschafft hatte...

Da sind wir ja schon bei der Sache, meinte er. Er öffnete seine Aktentasche und zog verschiedene Prospekte heraus. Schaut euch das inzwischen mal an, sagte er und winkte Rita heran, ich geh noch schnell zum Auto. Er kam mit dem Vorführgerät zurück. Schichold war Staubsaugervertreter.

Er führte das Gerät dann vor, wechselte einzelne Teile, saugte, bürstete, erklärte – er war eifrig bei der Sache. Anschließend holte er den Bestellblock aus der Tasche. Ich sah zu Rita, die hinter Schicholds Rücken stand und den Kopf schüttelte. Ich wußte, wir brauchten keinen Staubsauger. Dann sah ich Schichold, wie er sich in Bartenstein zwischen mich und den wütenden Russen gestellt hatte und spürte wieder seinen Schlag auf meiner Backe. Als er mir das Formular hinschob und mir den Stift in die Hand gab, unterschrieb ich.

Am Abend, als Schichold gegangen war, kam Elisabeth auf den Zweck ihres Besuches zu sprechen. Bei Neumanns war sie nicht mehr. Sie hatte sich in Abendkursen zur Stenokontoristin weitergebildet. Jetzt arbeitete sie in einem Reisebüro. Sie war ganz 'städtisch herg'richtet', wie Tante Alma kritisch feststellte. Das Geschäft läuft gut, erzählte sie, es soll erweitert werden. Sie verstand sich gut mit dem Chef, mit dem 'Dscharli'. Er sei ein 'reifer Mann', kriegsbeschädigt, man habe auch schon übers Heiraten gesprochen. Kurz und gut – sie hätte gern ihren Erbteil. Wenn's geht, noch in diesem Jahr. Sie möchte in's Geschäft investieren.

Also, ich hab ja lang genug gewartet, sagte sie und drückte ihre Zigarette halbgeraucht aus. Ich sagte ihr, daß ich das Geld nicht so schnell flüssig machen könnte. Dann mußt du halt mal mit dem nächsten Maschinenkauf etwas warten, sagte Elisabeth. Ich war über ihren Ton verärgert. Sie redete wie eine Fremde zu mir. Sie wollte auch nicht über Nacht bleiben, nahm den letzten Bus. Du kriegst das Geld so bald wie möglich, sagte ich. Hermann fuhr sie mit dem Motorrad zur Bushaltestelle.

Ich hab der Elisabeth ihren Anteil in zwei Raten ausgezahlt. Der Wald brachte das Geld. Jetzt zahlte sich unsere gute Waldbewirtschaftung aus. Zuerst hat unser Vater und dann haben Georg und ich – und danach Frieder – immer darauf geachtet, daß der Hiebsatz stimmt, und wir haben viel auf Vorbau gepflanzt. Im Herbst wurde grundsätzlich auf Vorrat gehauen. Seit wir die Zwei-Mann-Motorsäge hatten, war die Arbeit im Wald leichter geworden. Ende der fünfziger Jahre hatten wir einen überdurchschnittlich hohen Bestand an B-Holz, das sich sehr gut verkaufte. 1957 haben wir dann ein Auto angeschafft. Das war ein Ford Katzenbuckel, ein Gelegenheitskauf, vermittelt vom Daume-Hubert. Und weil wir bei dieser Anschaffung Geld gespart hatten, verkaufte er mir auch gleich noch eine Melkmaschine – unsere erste.

Den Führerschein hatte ich noch im Krieg gemacht. In der ersten Zeit fuhr ich gern Auto. Ich machte für Rita oft 'Besorgungen'. Ich fuhr auch Onkel Bertram spazieren. Der war alt und schweigsam geworden. Über Politik sprach er kaum noch. Von den Kommunisten wollte er nach der Niederschlagung des Ungarn-Aufstandes im letzten Herbst nichts mehr wissen. Er hatte Rheuma, und das Gehen fiel ihm schwer. Das Autofahren liebte er. Mit Konrad, seinem Sohn, der ebenfalls ein Auto besaß, fuhr er nicht gern. 'Der babbelt zu viel.' Rosa, die Tochter, war eine ehrgeizige Sportlerin geworden, eine gute Abfahrtsläuferin. 'Die gewinnt immer', sagte Onkel Bertram stolz.

Als ich im Sommer von einem Sonntagsausflug mit Bertram nach Hause kam, standen alle im Hof und niemand arbeitete. Hänsel, der kleine Sohn von Lioba, war am Vormittag tödlich verunglückt. Er war vom Hang aus auf das Dach des Schuppens geklettert und dann seitlich heruntergestürzt. Lioba war schreiend zu uns auf den Hof gekommen, ich hätte das Kind mit dem Auto zum Arzt fahren sollen. Rita sagte, sie sei mit hin zu dem Kleinen, der wäre schon tot gewesen, er hätte den Sturz nicht überlebt. Dolfi sei vor einer Stunde betrunken nach Hause gekommen, er war den ganzen Vormittag im Wirtshaus...

Ich habe damals lange überlegt, ob ich zu Lioba hinübergehen soll. Daß auch der Dolfi dort war, hat mich abgehalten. Mit dem wollte ich nicht zusammentreffen. Trotzdem war's nicht richtig, ich hätte gehen sollen. Daß ich es nicht getan hab, tut mir heute noch leid.

Onkel Bertram (links) mit einem alten Freund.

Im Winter 1957 begann Heinz mit dem Theologiestudium. Ich wollte, daß er Pfarrer wird. Heinz sagte nicht viel dazu, er war nicht begeistert, aber er wehrte sich auch nicht. Ich legte das als Zustimmung aus. Er sollte der erste Faller in der Familie sein, der die Priesterweihe empfängt.

Franz hatte eine Stelle als Bankkaufmann bekommen, er war im ersten Lehrjahr, und die Arbeit gefiel ihm. Auch was ihn betraf, hatte ich eine Entscheidung getroffen. Er war der Jüngste, und es war hier oben immer so, daß der jüngste Sohn den Hof erhält. Diese Tradition war am Verschwinden, aber man wußte von ihr, und manche hielten sich auch noch daran. Ich selbst hatte als 'der Jüngste' den Hof vom Vater bekommen.

Bei meinen Söhnen würde ich nicht so verfahren, das wußte ich. Aus einem einfachen Grund: Franz war kein Bauer. Für ihn war der Hof nicht mehr als ein Wirtschaftsbetrieb. Eine Beziehung zum Boden, zum Haus, zum 'Bauersein' hatte er nicht. Das spürte ich. Auch Heinz war kein Bauer. Der Bauer war Hermann. Der war zwar ein ewiger Pläneschmied und Rumtüftler, aber er war hier verwurzelt, und sein Interesse galt der Landwirtschaft.

Hermann und Johanna heirateten, sie mußten heiraten. Rita sagte es mir. Es gab eine Aussprache. Hermann und Johanna hockten wie zwei arme Sünder auf den Stühlen, daneben Bauscher, den Hermann dauernd streichelte, während ich meinem Zorn Luft machte. Sehr viel Zorn war aber nicht da. Franz lehnte am Türrahmen und grinste schadenfroh. Tante Alma saß auf der Kunscht, die Hand hinterm Ohr, um trotz ihrer Schwerhörigkeit ja nichts zu verpassen.

Mich ärgerte, daß mich Hermann und Johanna so vor vollendete Tatsachen stellten. Ich wußte aber auch, daß sie Ritas Segen hatten. Verhindern konnte – und wollte – ich diese Ehe nicht. Aber schimpfen wollte ich wenigstens. Ich machte den beiden klar, daß sie mit meiner Einwilligung nur rechnen können, wenn Johanna katholisch wird. Aber Herr Faller! rief Johanna. (Damals siezten wir uns noch.) Tante Alma nickte heftig mit dem Kopf und sagte ein ums andere Mal: Und des isch richtig! Und des isch richtig! Rita räumte die letzten Tassen vom Tisch und stellte sie auf die Durchreiche. Ihr habt gehört, was der Vater gesagt hat, meinte sie, und ging aus der Stube. Sie wußte genau, daß ich auf einer katholischen Eheschließung bestehen würde.

Noch vor der Hochzeit begannen wir, das obere Stockwerk auszubauen. Eine Küche, ein Bad und eine Toilette wurden eingerichtet. Durch die Renovierung bekamen Heinz, Franz und Tante Alma neue Zimmer. Hermann war voller Tatendrang, er zimmerte, mauerte und organisierte, der Umbau sollte rechtzeitig vor der Geburt des Kindes fertig werden.

Am Nachmittag der Hochzeit, als wir alle auf den Kaffee warteten, stand ich auf und sagte, das Paar habe heute schon eine ganze Menge Geschenke bekommen, ich hätte da auch noch eins. Dann holte ich die goldene Taschenuhr aus der Westentasche. Alle schauten zu mir her. Jeder wußte, was los war. Vadder! sagte Hermann. (Er hat eine ganz bestimmte Art, 'Vadder' zu sagen – er sagt es noch heute so.) Das Blut war ihm in den Kopf gestiegen. Er kam zu mir, ich legte ihm die Uhr mit der Kette in die Hand und umarmte ihn kurz.

Am anderen Tischende saß Franz bleich und unbeweglich auf seinem Stuhl. Ich wußte, was in ihm vorging. Ich spürte seine Enttäuschung, und er tat mir leid. Aber ich wußte auch, daß meine Entscheidung richtig war.

Beim Frühstück am nächsten Morgen meinte Elisabeth: Sag mal, Heinz, die junge Dame, mit der ich dich neulich gesehen habe, ist das deine Freundin? Alle hörten auf zu kauen und zu reden und blickten auf Heinz. Der war feuerrot geworden. Was – wo – was für eine Dame? stotterte er.

In dem Café in der Kaiser-Joseph-Straße. So eine Dunkle, mit kurzen Haaren.

Ach die! Ach so, die meinst du. Das war die Schwester von Kurt, der ist in meinem Kurs, auf den haben wir gewartet.

Als ich ihn später fragte: Ist was mit dem Mädchen? Du weißt, was ich meine, antwortete er: Nein, überhaupt nichts.
Damit gab ich mich zufrieden und vergaß die Sache.

Johanna im Jahr ihrer Hochzeit.

Der Daume-Hubert erzählte, daß die Bauern wie verrückt Maschinen kauften. In Haslach habe er gesehen, wie die Straße neben dem Bahnhof vollstand mit ausgeladenen Breitdreschern. Überall hielten jetzt die Maschinen so richtig Einzug auf den Bauernhöfen – nicht nur vereinzelt, sondern massenhaft. Man war begeistert von der Technik. Jahrhundertelang war mit der Hand geschafft und geschuftet worden, und jetzt kamen die Maschinen und verrichteten in weniger Zeit die Arbeit von einem halben Dutzend Arbeitskräften.
Die waren sowieso rar. Es wurde schwer, Mähder aus dem Tal zu bekommen. Viele gingen in die Fabriken, wo Leute gesucht und besser bezahlt wurden als auf den Bauernhöfen. Einer der Mähder, der immer zu uns 'auf den Wald' gekommen war zum Helfen, hatte eine Stelle als Hausmeister angenommen und bewirtschaftete seinen kleinen Hof nur noch nebenher.
Natürlich lag mir auch der Hermann wegen so einem Breitdrescher in den Ohren. Aber ich kaufte erst mal keinen. Eine Weile mußte es noch unsere alte Maschine tun. Es war eine Frage des Geldes. Ich wollte mich nicht bis aufs Hemd ausziehen. Dringender war der Umbau der Säge. Das war Frieders Wunsch. Unsere alte Hochgangsäge mit dem Holzgatter war längst überholt. Frieder meinte, die Anschaffung eines Bundgatters würde sich doppelt und dreifach auszahlen. Wir müssen konkurrenzfähig bleiben, sagte er.
Anfang des neuen Jahres machten Frieder und ich eine kleine Skiwanderung. Die ganzen letzten Tage war er mir bedrückt vorgekommen. Jetzt erfuhr ich, was los war. Er hatte sich in Freiburg mit seiner Tochter getroffen.
Ich war erstaunt. Mit der Trude? Warum in Freiburg?
Nein, nicht mit der Trude. Mit der Klara.
Ich weiß noch, wir standen mit unseren Skiern an der Kapfenkapelle und schauten hinüber zu den schneebedeckten Gipfeln des Feldbergs. Es war ein wunderschöner Tag mit blauem Himmel und eiskalter Luft. Als Frieder sagte: mit der Klara, wußte ich sofort Bescheid.
Vor vielen Jahren, lange vor dem Krieg, war Frieder mit seiner 'Verlobten' bei uns auf dem Hof erschienen. Das war Klaras Mutter gewesen. Gerlinde hatte sie geheißen. Ich sah die junge, rotgeschminckte Frau mit dem Bubikopf und dem Sackkleid wieder vor mir, wie sie mit gesenktem Kopf am Stubentisch saß und Kuchen aß. Später hatte er ein Kind mit ihr. Das war die Klara. Die muß doch jetzt fast dreißig sein! sagte ich.
Neunundzwanzig ist sie, sagte Frieder. Eine erwachsene Frau, die viel Geld verdient. Sie macht irgendwas mit Mode. Ich hab sie vor dem Krieg zum letzten Mal gesehen. Seit der Hochzeit mit Theresa und der Geburt von Trude und Markus hab

ich mich nicht mehr um sie gekümmert. Einmal hat mir Gerlinde geschrieben, zu Anfang des Krieges. Ich hab auch geantwortet. Der Brief ist aber wieder zurückgekommen – 'Empfänger unbekannt' war draufgestempelt.

Kurz vor Weihnachten habe er Post bekommen von einer Klara Muser, er habe erst gar nicht gewußt, wer das sei. Die Klara habe ihn in diesem Brief um ein Treffen gebeten. Theresa habe von dieser Post nichts mitbekommen, auch von dem Treffen nicht. Bei dem Wiedersehen in einem Freiburger Café habe die Klara zu ihm gesagt: Ich wollte nur mal meinen Vater sehen, der sich jahrelang nicht um mich gekümmert hat und dem es vollkommen wurscht ist, wie's mir geht.

Ich bin dagesessen, erzählte Frieder, und konnt' nix sagen. Ich bin mir vorgekommen wie ein Schulerbub. So redet man doch nicht mit seinem Vater, hab ich gesagt. Ich hab sie nach ihrer Mutter gefragt, nach der Gerlinde. Die ist vor zwei Jahren an Krebs gestorben.

Frieder und ich standen eine ganze Weile da oben und schauten auf die Berge. Ich hab dem Frieder nur zugehört und nichts gesagt. Erst als wir wieder daheim waren, kurz bevor ich ins Haus gegangen bin, hab ich zu ihm gesagt: Erzähl Theresa von der Sache, sprich mit ihr drüber. Er hat genickt, ich glaube, das wollte er hören.

Im Februar 1959 ist die Kati auf die Welt gekommen. Sie war ein ganz liebes Kind – hat kaum geschrien, hat nach zwei Monaten schon durchgeschlafen, und wenn sie doch einmal weinte, brauchte man ihr nur etwas vorzusingen, und schon war sie ruhig.

Katis Taufe wurde zu einer kleinen Familienfeier. Hilde und Elisabeth fehlten, aber Tante Martha und Hedi waren gekommen, Onkel Bertram und Tante Bettina mit Konrad und Rosa. Konrad mit Frau und Kind. Auch Brigitte, meine Schwägerin, war erschienen mit ihrem zweiten Mann. Alle vom Hof waren dabei mit Ausnahme vom Markus, der bei seinen Sportfliegern war. Dafür kam seine Schwester Trude, die 'Bischu', mit ihrem Verlobten, und der sorgte für Aufregung. Das war nämlich ein 'Ami', ein amerikanischer Soldat mit Bürstenhaarschnitt und Kaugummi im Mund, der kein Wort deutsch sprach. Frieder hat ihn überhaupt nicht angesehen. Der machte nur ein finsteres Gesicht und sprach auch mit Trude kein Wort. Dafür starrte Tante Alma den baumlangen Menschen an wie den Leibhaftigen.

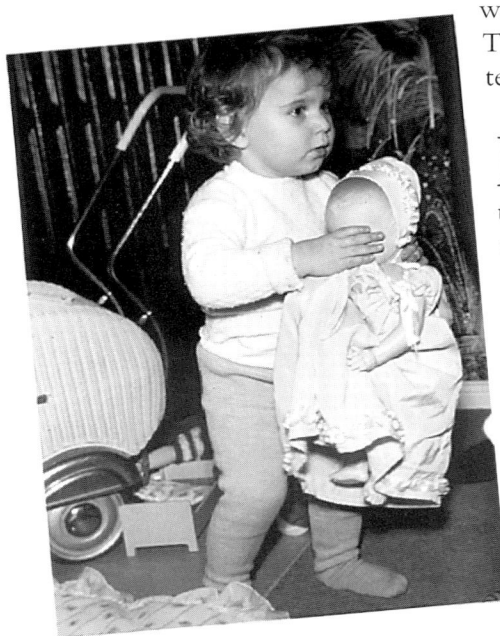

Die Kati als Puppenmutter.

Überraschend und unangemeldet kam noch ein Besuch: Bruno aus Karlsruhe. Der hatte die Gabe, immer bei unseren Familienfesten zu erscheinen. Wir hatten uns eine Ewigkeit nicht gesehen, aber daß Erwin vermißt war, wußte er. Er blieb nur eine Stunde, dann kam ein Freund mit dem Auto und holte ihn wieder ab.

Als wir durch den Brunnengang gingen, blieb Bruno an der alten Hobelbank stehen. Da lagen meine Schnitzwerkzeuge und die Masken. Vor zwei Jahren hatte ich damit wieder angefangen. Fasnetsmasken, Schemmen, hatten es mir angetan.

Das Sägewerk.

Ich war inzwischen
selber in der hiesigen Narrenzunft, und seitdem spukte
mir die Idee im Kopf, eigene Masken zu schnitzen. Ich nahm mehrere Anläufe,
denn die Sache war schwerer als ich dachte. Auch konnte ich nicht lange am Stück
schnitzen, denn andere Arbeiten auf dem Hof waren wichtiger. In der Weih-
nachtszeit hatte ich eine neue Arbeit angefangen – es war eine Maske im Stil der
Elzacher 'Schuddig'. Sie war erst halb fertig. Ich war nicht zufrieden mit ihr und
unsicher, ob ich überhaupt daran weiterarbeiten sollte.
Ist das deine Werkstatt? fragte Bruno. Wir duzten uns inzwischen. So wie ich etwas
Zeit hab, schnitz ich hier rum, sagte ich. Bruno sah die Maske. Darf ich? fragte er
und nahm sie in die Hand. Ich sagte ihm, daß ich nicht wüßte, ob ich 'richtig lag'.
'Schnitz weiter', meinte Bruno. 'Bleib dran, unbedingt! Die wird gut', sagte er und
deutete auf die Schemme, 'die wird genau richtig. Du hasch e' Händle dafür.' Dieser Zuspruch hat mir gut getan. Ich wußte, Bruno würde so etwas nicht sagen,
wenn es nicht seine Überzeugung wäre.

Der Tag endete dann noch mit einem Riesenkrach. Als ich dem Heinz auf
seinem Zimmer das monatliche Geld geben wollte, sagte er, er wolle mir nur
mitteilen, daß er mit der Theologie aufhöre, weil er gemerkt habe, daß er nicht
Priester werden könne. Er eigne sich nicht dafür. Ich war wie vor den Kopf

geschlagen. War erst mal sprachlos. Dann platzte mir der Kragen! So laut war es im Haus schon lange nicht mehr gewesen.

Als erstes kamen Hermann und Franz raufgerannt. Ich hab mich saumäßig über den Heinz geärgert, auch über die Art, wie er es mir gesagt hatte. Das Ganze ging noch weiter. Heinz verkündete, er wolle nicht Priester werden, er wolle heiraten. Das hat mich noch mehr in Rage gebracht – als ob das ein Beruf wäre: heiraten.

Später kam Rita, die im Leibgeding bei Frieder und Theresa gewesen war, und wir hatten eine Aussprache. Heute tut es mir leid, wie ich damals mit dem Heinz umgesprungen bin, aber mir sind einfach die Gäule durchgegangen. Heinz war weiß wie die Wand und sagte nichts mehr. Rita schob mich aus dem Zimmer und sagte, sie möchte jetzt mit ihm allein sprechen. Da gibt's gar nichts hinter meinem Rücken zu bereden! brauste ich auf.

Ich machte einen Spaziergang und ging anschließend in den Stall. Ich war zornig und enttäuscht. Ich ging die Boxen entlang und streichelte die Tiere. Langsam beruhigte ich mich wieder. Aber ich war fest entschlossen, meinen Willen durchzusetzen.

Am Abend erzählte mir Rita, daß Heinz eine Freundin habe. Nein, sagte sie, es ist noch nichts passiert. Eine Studentin, er hat sie an der Uni kennengelernt. Er ist halt verliebt, sagte Rita. Wie das in dem Alter so ist. Und nun will er was anderes studieren und diese Mechthild heiraten.

Mechthild heißt sie? fragte ich.

Ja, sagte Rita. Mehr sagte sie nicht, und so bekam ich beim ersten Mal nur die halbe Wahrheit zu hören. Am nächsten Morgen hatte ich noch einmal ein Gespräch mit dem Heinz. Ich machte ihm klar, daß er mit mir nicht mehr rechnen könne, wenn er das Studium abbreche und dieses Mädchen heirate. Er wollte etwas erwidern, aber ich sagte nur: Dann sind wir geschiedene Leute, Heinz, merk dir das.

Vor ein paar Jahren, als ich ihn in Afrika besuchte, hat er mir erzählt, das sei das schlimmste Gespräch gewesen, das er je hatte. Das war auch der Grund, weswegen er mich 'Despot' nannte. Ich weiß nicht, was ich gemacht hätte, wenn Heinz wirklich das Theologiestudium abgebrochen hätte. Ich weiß aber, daß Väter manchmal fürchterlich sein können.

Heinz fuhr nach Freiburg zurück, wo er eine Woche mit Fieber im Bett lag. Aber nach und nach klang unsere Aufregung ab, die Wogen glätteten sich. Ich hatte das Gefühl, es kommt alles in Ordnung. Mit Rita hab ich noch oft über die Angelegenheit gesprochen, ich wollte, daß sie mich versteht. Heute weiß ich, daß sie nicht mit mir einverstanden war. Gesagt hat sie damals nichts. Sie wußte, es hätte keinen Zweck gehabt.

Hermann und ich führten immer wieder Streitgespräche über den Hof und die Landwirtschaft. Sein ganzes Interesse galt dem Gedeihen des Hofes – das gefiel mir. Hermann war ja auf der Landwirtschaftsschule gewesen, er hatte was

gelernt, und das wollte er anwenden. Betriebsentwicklungsplan, Mindest-
flur, Rationalisierung – das waren Worte, die ich zum ersten Mal hörte.
Hermann war zwar ein alter Projektemacher und hatte eine blühende
Phantasie, aber er besaß auch Spürsinn. In manchen seiner Ansichten und
Vorhersagen behielt er recht. Er hat schon früh bezweifelt, ob sich der
Ackerbau bei uns hier oben auf die Dauer lohnt. Für mich waren das
neumodische und spinnige Gedanken. Darüber konnte ich mich nur
aufregen.

Hermann war verliebt in die Maschinen. Da habe ich dann wieder
gebremst. Nicht immer aus Klugheit, mehr aus dem Gefühl heraus: no
net hudle. Das mit den Landwirtschaftsmaschinen war so eine Sache. Es
zeigte sich nämlich, daß viele Landwirte zu schnell und zu viel gekauft
hatten. Die hatten ihr Geld ausgegeben für ein Gerät, das schon nach
kurzer Zeit total überholt war und nur noch Schrottwert besaß. Aber
jetzt waren sie 'blutt'. Und als neue, weiterentwickelte Maschinen
kamen, hatten sie kein Kapital mehr. Es machte damals der Witz die
Runde von dem Bauern, der für seine zwei Kühe eine Melkmaschine kaufte und
die Kühe in Zahlung gab, weil er kein Geld hatte.

*Unser erster Traktor. Ganz vorn
auf der Kühlerhaube Franz.*

Natürlich waren die Maschinen eine tolle Sache. Sie erleichterten nicht nur die
Arbeit, es ging auch alles schneller. Aber ich war von Anfang an mißtrauisch. Ich hatte
immer das Gefühl, die Sache hat einen Haken. Ich wußte nur nicht, wo. Später ist
dann deutlich geworden, daß alles seinen Preis hat. Ich denke zum Beispiel an den
Ladewagen. Den haben wir 1961 angeschafft. Eine feine Sache. Früher waren mit
dem Heuladen zehn und mehr Leute beschäftigt, es wurde gelacht und miteinander
gesprochen. Heute sind nur noch zwei Schlepper auf dem Feld, und die Fahrer ver-
ständigen sich durch Zeichensprache. Früher war im Winter nur eine Stube im Haus
warm, da saßen alle beisammen und man erzählte. Heute hat jeder ein Zimmer mit
Heizung und sitzt dort allein vorm Fernseher. Ist das der Fortschritt?
Damals fanden alle naslang Landmaschinenausstellungen statt. Von denen hat der
Hermann keine ausgelassen. Einmal fuhr der Franz mit. Sie kriegten aber wegen
irgendeiner Kleinigkeit dermaßen Krach, daß der Hermann mit seinem Motorrad
allein heimfuhr und der Franz den Bus nehmen mußte. Daraufhin hat der Franz
Hermanns Motorradsattel mit Salatöl eingerieben. Der Hermann hat erst nichts
gemerkt, bis ihn einer auf seinen Riesenfleck am Hintern ansprach und fragte, ob
er in die Hosen gemacht habe.
Ich war nur einmal auf so einer 'Landwirtschafts-Messe'. Mir war das Roßfest in
St. Märgen lieber. Das besuchte ich zusammen mit dem Daume-Hubert. Das Fest
und die Zuchtschau gefielen mir. Hier ging es nicht um Maschinen und Motoren,
sondern um was Lebendiges! Und jedesmal bei der Heimkehr überlegte ich, ob
wir vielleicht nicht doch eine Pferdezucht aufbauen sollten. Wenn ich es Hermann
andeutete, winkte er nur ab und rief: Vadder!

123

1962 bekam ich mein eigenes Fest – ich wurde fünfzig. Anfang des Jahres gab es bereits ein 'freudiges Ereignis' – die Geburt von Karl. Der nächste Hoferbe! Hermann und Johanna waren sehr stolz. Wir waren alle glücklich über dieses Kind. Allerdings war es nicht so 'pflegeleicht', wie man heute sagt, wie die Kati – im Gegenteil. Der Karl war vom ersten Tag an ein Schreihals und Tyrann. Er konnte brüllen, daß das ganze Haus zusammenlief. Man meinte, es sei was ganz Schreckliches passiert, aber er lag nur da und schrie, und keiner wußte so recht, was ihm fehlt. Nachts ließ er Johanna nicht schlafen, weil er alle zwei Stunden gestillt werden wollte. Auch die Methode, ihn einfach einmal durchschreien zu lassen, versagte. Als die Eltern es probierten und nach drei Stunden ins Zimmer kamen, lag er mit rotem Kopf und tränenüberströmt in seinem Bettchen und schluchzte herzerweichend, so daß dieser Versuch nie wiederholt wurde.

Sonst war er ein lustiger kleiner Kerl – aber unberechenbar. Es konnte sein, daß er begeistert mit Bauklötzen und Holzfiguren spielte. Doch schon im nächsten Moment bekam er seine Ausreißer-Anfälle und verschwand, und keiner wußte, wo er war. Sein bevorzugter Spielkamerad war Bauscher, der sich von ihm alles gefallen ließ. Kati hatte mit dem kleinen Bruder eine Engelsgeduld. Sein Schreien, das er auch später immer wieder einsetzte, konnte sie nicht erschüttern.

Mein Fünfzigster wurde als großes Familienereignis geplant. Die gesamte Verwandtschaft wurde eingeladen. Frieder fragte mich, ob auch Klara kommen dürfe. Ich sagte, sie gehört zur Familie. Das Haus wurde voll. Tante Irmela und Adam Dörle kamen mit ihrem Hund. Tante Alma zeigte mit dem Stock auf Bauscher und meinte zu Irmela: Unserer ist schöner. Alma war fast neunzig und sah als alte Frau immer mehr unserem Vater ähnlich. Diesmal war Trude ohne den 'Ausländer' da. Der 'Ami' war nach Amerika zurück und hatte versprochen, Trude nachkommen zu lassen. Frieder tippte sich an die Stirn und sagte: Wer's glaubt!

Markus war inzwischen verheiratet und Vater. Er hatte sich als Heizungsbauer selbständig gemacht und verdiente gut. Jede freie Minute verbrachte er auf dem Flugplatz – die Sportfliegerei war sein großes Hobby.

Tante Alma hatte dann doch noch etwas zum Staunen – und wir auch. Plötzlich hörten wir ein ungewohntes Motorengeräusch, auf der Straße drüben blitzte etwas zwischen den Alleebäumen auf – und dann raste ein silberfarbener Porsche auf den Hof. Der Schlag ging auf, und eine junge Frau in einem knallroten Kostüm stieg aus: Klara. Eine Schauspielerin hätte keinen besseren Auftritt haben können.

Obwohl sie 'aufgedonnert war wie ein Papagei' (wie Elisabeth sagte), war Klara ein einfacher, herzlicher Mensch, der schnell Kontakt fand. Ich glaube fast, Frieder war ein bißchen stolz auf sie. Nur Tante Alma war diese Frau zu 'affig'. Aber Klara störte das nicht, vielleicht hat sie Almas Abneigung gar nicht bemerkt.

Eine schöne Erinnerung an diesen Tag ist mir durch die Taschenuhr geblieben, die ich von der Familie geschenkt bekam. Heinz überreichte sie mir, ich denke, das war auch ein Zeichen der Versöhnung, denn unser Verhältnis war nach wie vor gespannt. Ich hab ihm lange übelgenommen, daß er damals so tat, als sei alles in Ordnung, während er sich in Wirklichkeit weiter mit Mechthild traf. Aber das bekam ich erst später raus.

Kurz nach meinem Geburtstag entschlief friedlich in ihrer Kammer Tante Alma. Sie erschien nicht zum z'Nüne-Essen. Als Maria hochging und nach ihr schaute, war sie tot. Ihr Gesicht war ruhig, die Augen geschlossen, sie muß im Schlaf gestorben sein.

Bei Almas Beerdigung kam ich auch mit dem alten Tischler-Schilli ins Gespräch. Der ließ keine Beerdigung aus. Er erzählte, er habe neulich den Heinz an der Bushaltestelle getroffen, er sei mit ihm von Freiburg her heimgefahren. Auch dem Benneter-Toni seine, die Mechthild, sei mit hochgefahren, die studiere auch in Freiburg. Jetzt würden ja die jungen Leute nur noch studieren.

Karl als 'braver Junge', der kein Wässerchen trüben kann, fein gemacht für die Erstkommunion.

Ich fiel aus allen Wolken: die Mechthild war die Tochter vom Benneter-Toni! Ich hatte keine Ruhe. Am selben Tag noch fragte ich Rita, ob da noch was sei, ob sie gewußt habe, daß die Mechthild die Tochter vom Benneter sei. Sie hatte es gewußt. Sie sagte, es sei nichts mehr zwischen ihr und dem Heinz.

Aber das stimmte nicht. Ich bekam heraus, daß sich Heinz immer noch mit ihr traf. Trotz seines Versprechens, mit ihr Schluß zu machen. Diesmal war ich ganz ruhig. Ich überwand mich und fuhr zum Schanzenhof, zum Benneter. Wir hatten ein Gespräch. Die Benneters hatten von nichts gewußt. Mechthild hatte vor ihnen alles geheimgehalten, nie etwas von Heinz erzählt. Sie kannte das Verhältnis zwischen den beiden Familien. Der Benneter-Toni machte Nägel mit Köpfen: er schickte die Mechthild zum Weiterstudieren in eine andere Stadt. Ab da war Ruh.

Es war sicher eine schwere Zeit für Heinz. Aber auch ich war enttäuscht, ich fühlte mich von ihm hintergangen. Heinz kam vorerst nicht nach Hause. Er fuhr zwei oder drei Mal zu seiner Tante nach Gengenbach. Ihr, der 'Schwester Gertrudis', hat er sein Herz ausgeschüttet. Hilde hat mir später gesagt, sie habe ihm einfach nur zugehört. Sie hat dann, als Heinz sie fragte, erzählt, wie es bei ihr war, als sie sich entschieden hatte, Nonne zu werden. Die Gespräche und die Gebete mit seiner Tante haben Heinz damals sehr geholfen.

1965 brachte auch den Umbau der Säge. Sie bekam ein Eisenrahmengatter und einen Zangenwagen. Zusätzlich zur Wasserkraft wurde ein Dieselmotor mit 30 PS angeschlossen. Wir schafften auch einen kleinen Kran an, der das Arbeiten wesentlich erleichterte. Das alles kauften wir gebraucht, aber noch sehr gut erhalten. Frieder war zufrieden. Der Einnahmenausfall, der durch den Umbau entstanden war, wurde schnell wieder ausgeglichen.

Ein Bild vom alten Holzgatter-Hochgang.

Es war also viel Umtrieb im Haus. Im Herbst installierten wir die neue Rohrmelkanlage, eine Absauganlage, denn Hermann und ich hatten beschlossen, den Milchviehbestand mit Schwarzbunten zu vergrößern. Hermann schlug vor, mehr Milch an die Zentrale zu liefern und dafür weniger Butter zu vermarkten. Er meinte, daß der Bauer selber die Butter herstellt und auf den Markt bringt, das sei auf die Dauer nicht wirtschaftlich. Ich war anderer Meinung.

Mit dem Geld kamen wir gerade so hin. Der Lohnschnitt in der Säge und die Milch waren unsere Haupteinnahmequellen. Außerdem hatte ich im Frühjahr an die Gemeinde einen halben Hektar Land als künftiges Bauland verkauft. Hermann drängte auf den Kauf eines neuen Schleppers. Diesmal war es ein ganz neuer, mit Zapfwelle und Hydraulik. Wir hatten den Traktor etwas günstiger bekommen, dafür wurde er erst im Dezember angeliefert.

Als Hermann damit in den Hof getuckert kam, gingen wir alle hinaus, um das neue Fahrzeug zu bewundern. Ich wußte, daß er sich sehr auf den neuen Trecker gefreut hatte. Aber als er aus dem Fahrerhaus stieg, machte er ein seltsames Gesicht.

Was ist los? fragte ich.

Dolfi ist tot.

Er hatte die Nachricht von einem Freund, der aus dem Dorf gekommen war und ihn unterwegs überholt hatte. Dolfi war letzte Nacht auf der Landstraße erfroren. Offensichtlich war er von einem Auto angefahren worden. Er wurde zwar nicht schwer verletzt, aber da er betrunken war, blieb er liegen, als er stürzte, schlief ein und erfror. Der Fahrer beging Fahrerflucht. Man hat nie rausgekriegt, wer es war. Im Dorf gab es viele Gerüchte, und es wurden auch Namen genannt, die ich hier gar nicht erst nennen will, denn bewiesen wurde nichts. Die Untersuchungen der Polizei verliefen im Sande.

Es wurde immer deutlicher, daß die Landwirtschaft im Schwarzwald schwierigen Zeiten entgegensah. Viele kleine Höfe mußten aufgegeben oder konnten nur noch als Nebenerwerbslandwirtschaft betrieben werden. Die Lebensmittelpreise sanken und die Arbeitskräfte wurden teurer – es wollte auch niemand mehr in der Landwirtschaft arbeiten. Alles stürmte in die Städte, wo es mehr zu verdienen gab. Früher haben wir Bauern die Märkte der nächsten Umgebung mit Lebensmitteln beliefert. Und wenn es bei uns schlechte Ernten gab, hatten die in der Stadt nichts zu essen. Das alles war heute nicht mehr so. Es gab nun einen 'europäischen Markt', da wurde jetzt aus den entlegensten Winkeln geliefert. Und meist billiger. Auf der anderen Seite: irgendwie war es immer weitergegangen. Aber es war viel Unruhe zu spüren unter den Bauern.

126

Im Juni 1966 kam Bernhard zur Welt. Der wurde von Anfang an verwöhnt, er war eben das Nesthäkchen. Er hat es einem aber auch leicht gemacht. Mit seinem Lockenkopf und den großen blauen Augen sah er aus wie ein Engel. Seine stärkste Waffe war sein Lachen. Sagte man zu ihm: das geht nicht, oder das kriegst du nicht, oder das darfst du nicht, lachte er einen einfach an.

Das ist ja ein richtiger kleiner Prinz, sagte Elisabeth, die mit ihrem Mann zu Besuch kam. Sie fuhren in einem Mercedes vor. Elisabeth war jetzt eine 'Dame' geworden. Sie gebrauchte dauernd Fremdworte, und sie sagte auch: Das ist nicht unser Niveau. Oder: Das ist nicht unser Stil. Hermann konnte die 'Vornehmheit' seiner Tante sehr gut nachmachen. Das war frech, aber er brachte uns damit immer wieder zum Lachen. Als es um die Gülledüngung ging, die in diesen Jahren Verbreitung fand und um Jauche und Schwemmist und Treibmist, spitzte Hermann plötzlich den Mund, verdrehte die Augen, spreizte den kleinen Finger ab und meinte: Das ist nicht unser Niveau!

Das war bei der 'Abschiedsfeier' für Trude. 'Bischu' fuhr nämlich nach Amerika, in die Vereinigten Staaten. Die Verbindung zu ihrem 'Ami' war bestehen geblieben, und zuletzt hatte er ihr eine Flugkarte geschickt. Wir saßen im Leibgeding bei Frieder und Theresa, und Trude redete von ihrer Angst vorm Fliegen. Das war das Stichwort für ihren Bruder. Markus, der inzwischen mit seiner Familie in Breisach lebte, konnte gar nicht mehr aufhören vom Fliegen zu schwärmen und von seiner Sportfliegerei zu erzählen. An diesem Tag sah ich ihn zum letzten Mal. Zwei Monate später war er tot.

Der kleine Bernhard als Waldarbeiter.

An jenem Sonntagabend rief mich die Polizei aus Breisach an. Seit dem Frühjahr, seit ich im Vorstand der Milchgenossenschaft war, hatten wir Telefon. Ob ich meinen Bruder und meine Schwägerin abholen könne. Was ist denn passiert? fragte ich. Ich dachte, sie hätten einen Unfall gehabt. Nein, sagte der Beamte, ihnen sei nichts passiert. Frieder sei aber nicht fahrtüchtig, er und seine Frau hätten einen Schock. Um Gotteswillen, was ist los? rief ich.

Markus war während einer Kunstflugschau vor den Augen seiner Eltern tödlich abgestürzt. Sie hatten mitangesehen, wie die Sportmaschine ins Trudeln kam und schließlich wie ein Stein zu Boden sauste. Markus war sofort tot. – Wir waren wochenlang wie gelähmt. Frieder hat sich von diesem Schlag nie mehr ganz erholt. Es war, als ob irgendetwas in ihm zerbrochen wäre.

In diesem Jahr lagen Tod und Krankheit wie ein Schatten über dem Hof. Im Oktober starb Tante Irmela, und im November wurde Kati mit starken Bauchschmerzen ins Krankenhaus eingeliefert: Blinddarmentzündung. Bei der Operation gab es Komplikationen, und zwei Tage mußten wir bangen, bis alles wieder in Ordnung war. Ich selber hatte Schwierigkeiten mit dem Herz – Herzrhythmusstörungen, wie der Arzt meinte. Außerdem hätte ich einen leichten Bluthochdruck, es wäre also wichtig, mein Herz weiter zu beobachten.

Markus als Schulbub beim Basteln eines Modellflugzeugs.

Ich dachte: wenn ich mich freuen kann, gehts auch meinem Herzen besser. Freuen konnte ich mich im Jahr darauf – da war die Primiz von Heinz. Gegen Ende seiner Studienzeit, auf dem Priesterseminar in St. Peter, war er regelmäßig nach Hause gekommen. Unser Verhältnis zueinander hatte zwar noch immer einen Knacks, aber wir bemühten uns beide, wieder miteinander ins Reine zu kommen. Heinz hatte sich in den letzten Jahren verändert. Bei ihm war nichts mehr von dem geschniegelten jungen Burschen übriggeblieben. Er hatte seinen Weg gefunden.

Die Primiz war ein großes Ereignis im Dorf. Der ganze Ort stand Kopf. Es war die erste Primiz seit vielen, vielen Jahren. Die Straßen waren mit Blumen und Fahnen geschmückt, Musikkapellen spielten – und die Menschen waren von weither gekommen, um den ersten Segen des neuen Priesters zu bekommen. Denn für einen Primizsegen läuft man ein Paar Schuhe durch, heißt es.

Das war für uns alle ein wunderbarer Tag. In der Heiligen Messe kommunizierte die ganze Familie und empfing von Heinz das Sakrament. Es war ein großer, festlicher Gottesdienst mit herrlichen Kirchenliedern, die von allen mitgesungen wurden. Die Kirche war brechend voll. Ich war sehr bewegt – und stolz. Ich habe später mit Pfarrer Haas gesprochen und ihn gefragt, ob ich Unrecht tat, als ich Heinz zwang Priester zu werden. Der Pfarrer meinte, das glaube er nicht, ich sei nur ein Werkzeug Gottes gewesen.

Theresa erzählte mir später, auch Mechthild sei in der Kirche gewesen. Sie sei in der letzten Bank gesessen und habe Hut und Schleier getragen, aber sie habe sie trotzdem erkannt. Sie sei dann kurz vor dem Ende der Messe in Begleitung eines Mannes weggegangen.

Anfang der siebziger Jahre stellten wir ganz auf Milchviehhaltung um. Es fiel die endgültige Entscheidung für die Grünlandwirtschaft. Hermann hatte recht: der Fruchtanbau hier oben hatte keine Zukunft. Der EG-Kommissar Mansholt war mit einem Hubschrauber über den Schwarzwald geflogen und hatte dann auf einer Pressekonferenz gesagt, er bezweifle, daß es in dreißig Jahren im Schwarzwald noch landwirtschaftliche Betriebe geben werde.

Was jetzt eingeleitet wurde, war die Umwandlung der Äcker in Wiesen. Die neue Faustregel lautete: man muß mindestens fünfunddreißig Milchkühe haben, damit sich der Betrieb lohnt. Und für soviel Kühe braucht man entsprechend Futter, also Grünfläche. Wer auf dreißig bis vierzig Kühe aufstockte, mußte notfalls Land dazupachten.

Hermann sprach mich jetzt immer öfter auf die Hofübergabe an. Ich wollte davon absolut nichts wissen. Schließlich war ich kein alter Mann und krank war ich auch nicht. Aber Hermann ließ nicht locker. Es kam zu harten Auseinandersetzungen. Einmal standen wir in der Küche, Franz war dabei, und wieder ging's um das Thema 'Übergeben'. Wie denkst du dir das eigentlich? rief Hermann. Ich bin jetzt fünfunddreißig!

Das Komische war, daß Franz den Hermann unterstützte. Er meinte auch, ich sollte übergeben. Das ist ja eine ganz neue Kumpanei, dachte ich. Später kam raus, daß Franz vor seinem neuen Chef mit unserer Jagd großgetan hatte. Er dachte wohl, das brächte ihm Vorteile. Irgendwie hegte er den Glauben, wenn Hermann den Hof übernimmt, kriegt er auch die Jagd. Und für den Fall hatte Hermann versprochen, die Jagd zu verpachten – an Sonntagsjäger aus der Stadt, wie Franzens Bankdirektor wohl einer war.

Dann wurde Hermann krank – er bekam Lungenentzündung. Mir fuhr der Schreck in die Glieder. Ich mußte sofort an Georg denken und wie er an dieser Krankheit gestorben war. Ich erzählte dem Arzt davon, doch der beruhigte mich. Es würde niemand mehr an Lungenentzündung sterben, seit es Antibiotika gebe. Zum Geburtstag hatte Hermann von uns einen Fernsehapparat bekommen. Da waren gerade die Olympischen Spiele in München. Da es der einzige Apparat im Haus war, saßen wir oft bei ihm im Zimmer und schauten die Übertragungen an. Hermann thronte wie ein Pascha im Bett und dirigierte sein 'Blümle'. Er wurde verwöhnt und gewann dem Kranksein auch angenehme Seiten ab.

Hin und wieder war Hedi mit ihrer Tochter zu Besuch. Meist ging sie danach hinüber zu ihrer alten Freundin Lioba, um ihr Guten Tag zu sagen. Einmal begleitete sie die Lioba ein Stück, blieb aber an der Wiese oberhalb des Hauses stehen. Hedi sagte, Lioba habe eine Bitte. Ich ging also mit Hedi zu Lioba, die am alten Wegkreuz stand, und wir wechselten ein paar Worte. Als wir nicht mehr weiter wußten, sagte Hedi: Ach, Lioba, wolltest du nicht wegen dem Schlepper fragen?

Am nächsten Tag bin ich dann mit dem Schlepper zu ihr hinübergefahren und hab die alten Baumstämme wegtransportiert. Lioba brauchte den Platz, und ihr eigener, altersschwacher Traktor war wieder einmal kaputt.

Karl hatte unbedingt mit zum Weberhof hinüberfahren wollen, also nahm ich ihn mit. Es hätte doch keinen Zweck gehabt, nein zu sagen. Mit seinen zehn Jahren war er ein richtiger Wildfang. Hermann und Johanna hatten ihre liebe Not mit ihm. Mir gefiel dieses Ungebändigte, doch auch ich mußte aufpassen, daß er mir nicht auf der Nase rumtanzte. Vor zwei Tagen hatte er mutwillig die Hühner laufen lassen. Die mußten am Abend in den Hühnerstall, sonst kümmerte sich der Fuchs um sie. Da es noch hell war, scheuchte Karl sie noch einmal aus dem Bau – er sagte, er habe nur sehen wollen, was sie machen. Ich war nahe dran, ihm eine zu schmieren. Die Hühner waren völlig durcheinander, und manche wollten nicht

Kati oben am Wald beim Schanzenkopf. Da hat sie noch ihre schönen langen Zöpfe.

mehr auf die Stange zurück. Karl fing sie und verfrachtete sie einzeln in den Stall – die letzten zwei kriegte er erst, als es schon dunkel war.

Seit 1972 ging auch Bernhard zur Schule. Er hatte es gut, er mußte nur noch zur Straße hochlaufen, dann nahm ihn der Schulbus mit. Der Weg von der Bushaltestelle nach Hause war sein Trödelweg. Manchmal brauchte er dafür über eine halbe Stunde. Wenn man ihn fragte, was er gemacht habe, antwortete er: gucken.

Ich erinnere mich: an dem Tag, an dem Bernhard das verletzte Rotkehlchen heimbrachte, war auch Heinz zu Besuch. Bernhard kam mit dem Vogel, dessen Flügel wohl gebrochen war, und zeigte ihn Heinz. Aber der war nicht der richtige Mann. Bernhard ging zu Maria, die seine Vertraute in diesen Dingen war. Sie schafften es auch, den Vogel wieder auf die Beine zu bringen und ließen ihn fliegen.

Dieser 'Rotkehlchen-Tag' wird mir aus verschiedenen Gründen in Erinnerung bleiben... In der Stube saß Kati und sah aus wie's Kätzle am Bauch. Als ich sie fragte: Was ist los? antwortete sie: Ach nichts. Das Mittagessen rührte sie nicht an. Karl, der ihr gegenüber saß, griff sich ans Herz und schnitt eine Grimasse. Kati sprang auf und stürzte heulend aus dem Zimmer. Ich schaute Johanna an. Was hat sie? Sie hat Liebeskummer, sagte Johanna. 'Schon?!' Ich konnte es nicht glauben. Kati war dreizehn!

Am Nachmittag kam dann Heinzens Paukenschlag. Er verkündete der Familie: Wenn seine Kaplanszeit nächstes Jahr zu Ende sei, werde er als Missionar nach Namibia gehen. Er habe schon mit dem Bischof gesprochen. Ich war wie vor den Kopf geschlagen. Heinz hatte vorher nie Andeutungen in dieser Richtung gemacht. Ich war immer davon ausgegangen, daß er in der hiesigen Diözese eine Pfarrei übernehmen werde. Vielleicht sogar hier in der Gegend. Nun würde er weit weg gehen, für lange Zeit...

Am frühen Abend fuhr ein Taxi auf den Hof. Ich hörte die Autotüren und Bauschers Bellen, das schnell in ein freudiges Winseln überging. Ich schaute aus dem Fenster: Im Hof stand Trude, ein Kind auf dem Arm. Besuch aus Amerika!

Seit dem Tod von Markus und Trudes Übersiedlung in die Vereinigten Staaten waren Frieder und Theresa sehr allein. Mir kam es manchmal vor, als sei der Bruder mit einem Schlag alt geworden. Vorige Woche hatte er mir ein buntes Modemagazin auf den Tisch gelegt, in dem Kleidermodelle von Klara abgebildet waren. Komische Kleider, sagte Frieder, aber ich versteh ja nix davon. Klara schickte ab und zu solche Hefte und rief an, aber Zeit zu kommen hatte sie selten.

Jetzt waren Frieder und Theresa ganz aus dem Häuschen. Frieder hatte glänzende Augen, als er mit der kleinen Doris zu uns herüberkam. Und Theresa sah immer wieder ihre Tochter an und sagte: 'Ach Bischu!' Frieder mußte mit der Kleinen auf dem Arm unbedingt Bernhards kranken Vogel ansehen. Schließlich kam auch Kati mit verweintem Gesicht aus ihrem Zimmer. Als Frieder ihr die kleine Doris zum Halten gab, lächelte sie zum ersten Mal seit Tagen. Doris war in dem ganzen

Trubel die Ruhigste von allen. Sie schaute jeden aufmerksam an und machte keinen Mucks.

Nachdem man sie ins Bett gebracht hatte, saßen wir noch lange beisammen. Es gab viel zu Erzählen. Trude hatte sich verändert – und war doch noch die alte. Zwar trug sie jetzt rote Hosen und enganliegende Pullover, aber wenn sie sprach oder wenn sie lachte, war sie wieder ganz die alte Bischu. Als es schon sehr spät war, fragte Trude die Johanna: Sag mal, Johanna, dein Mädchenname war doch Heise? Ja.

Und du hast doch auch Geschwister?

Einen Bruder und eine Schwester, die verschollen sind. Ich denke, sie sind wie meine Eltern bei dem großen Angriff auf Dresden ums Leben gekommen. Warum fragst du?

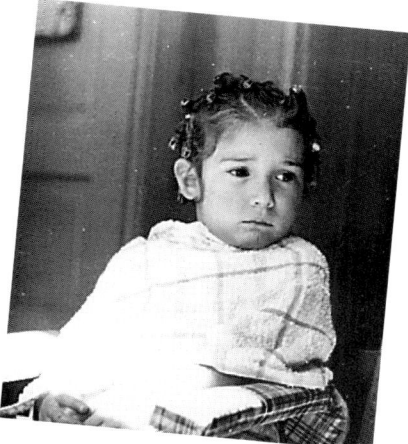

*Trudes Tochter Doris,
die kleine Amerikanerin.*

Weil bei uns in der Nachbarschaft eine Frau, deren Mädchenname auch Heise war, gewohnt hat. Die war eine Deutsche.

Was ist mit der? fragte Johanna.

Wir alle schauten gespannt auf Trude.

Die Leute wohnen nicht mehr da, sagte sie. Die Frau Heise war mit einem Amerikaner verheiratet, dessen Familie aus Italien stammte. Kurz bevor Robert und ich in die Straße zogen, sind sie fort. Die Nachbarin sagte, sie seien zurück nach Italien. Ach so, sagte Johanna.

Boari hießen die, bemerkte Trude. Die haben unseren Nachbarn viele Sachen dagelassen, auch Bücher. Und in einem der Bücher haben die Leute ein Kuvert mit Fotos gefunden. Das haben sie mir gezeigt – weil ich doch auch aus Deutschland bin. Und dieses Kuvert war an eine Frau Heise adressiert.

Hast du – ? fragte Johanna.

Ich hab's da, sagte Trude, mit den Bildern.

Es war ganz still im Zimmer, als Trude den Umschlag aus ihrer Tasche nahm und Johanna gab.

Johanna war schneeweiß im Gesicht. Es war, als wüßte sie schon alles. Ihre Hände zitterten, als sie das Kuvert nahm und die Anschrift las. Als sie die Fotos raustun wollte, fielen sie auf den Boden. Wir hoben sie auf und legten sie vor sie hin.

Aber Johanna schien gar nicht draufzuschauen.

Es ist meine Schwester, sagte sie mit leiser Stimme.

Johannas Schwester Edith, die einen Amerikaner mit Namen Boari geheiratet hatte, war mit ihrem Mann und den zwei Kindern 1970 nach Italien gezogen – mehr hat Johanna später, auch nach langen Nachforschungen, nicht herausbekommen.

Den extremen Winter 1974 hat Onkel Bertram nicht mehr erlebt. Er starb im Sommer. Am Schluß hat er fast gar nicht mehr geredet. Wenn ihn Tante Bettina was fragte oder ihm was erzählte, nickte er nur. Vierzehn Tage vor seinem Tod habe er immer wieder 's langt' gemurmelt, erzählte Bettina.

Am 4. Oktober gab es bei uns einen halben Meter Schnee. Der September war schon miserabel gewesen. In den Zeitungen erschienen Fotos von schneebedeckten Garben. An Buß- und Bettag haben wir hundertvierzig Zentner Kartoffeln aus dem schneebedeckten Boden geholt. Alle erfroren, Futter fürs Vieh. Viele Bauern konnten die Getreideernte abschreiben.

Wir hatten Glück, wir haben unseren Roggen noch eingebracht – es war unsere letzte eigene Fruchternte. Ab dem nächsten Jahr wurde das Feld dem Grünland zugeschlagen. Es blieb dann nur noch ein kleiner Kartoffelacker für die Selbstversorgung. Im August machte ich mit Karl noch einmal einen Spaziergang am Feld entlang – sozusagen zum Abschied. Der Anblick der Feldfrucht gab mir jedesmal ein Gefühl von Stolz und Zufriedenheit. So ein Getreidefeld war einfach ein schönes Bild – und das würde es nun auf meinem Grund und Boden nicht mehr geben. (Das andere war halt doch nur 'Gras'.)

Karl lief neben mir und erzählte mir irgendwelche Geschichten von der Schule und vom Fußball – aber ich hörte nicht richtig hin. In letzter Zeit machten wir beide öfter mal Spaziergänge. Mich freute Karls Interesse an der Natur. Ich merkte: der denkt und fühlt wie ein Bauer. Jetzt fiel ihm mein Schweigen auf, und er fragte nach dem Grund. Ich versuchte, es ihm zu erklären. Ach Opa, meinte er daraufhin, dann kriegsch' du halt so e' kleins Extrafeld nur zum Gucken!

Am Nachmittag von Franzens Hochzeit.

Im Herbst heiratete Franz: die Veronika, eine Kollegin aus der Bank. Ich wollte ihm eine große, schöne Hochzeit ausrichten, obwohl ich den Hochzeitstermin im Spätjahr nicht gut fand. Aber das Brautpaar wollte 'nichts Großes'. Es stellte sich heraus: Veronika hatte es nicht gewollt. Also gab es nach der Trauung 'nur' ein großes Essen im 'Löwen'. Und es wäre ein Wunder gewesen, wenn es nicht auch an diesem Tag zu Sticheleien zwischen Franz und Hermann gekommen wäre. Hermann hatte als 'ganz persönliches Geschenk an den Bräutigam' dem Franz einen Karton voller Kernseife geschenkt, mit einer Karte – 'weil du doch deine Hände so gern in Unschuld wäschst'. Und Franz nannte seinen Bruder im Laufe des Abends einen Dreiviertelsbauer. 'Du hast doch auf dem Hof nichts zu sagen,' meinte er.

Das war Hermanns wundester Punkt: er war immer noch nicht der Bauer. Das war der große Streitpunkt zwischen uns beiden. Ich bin bald vierzig! schrie er mir ins Gesicht. Meinst du, ich will mit sechzig übernehmen?

Zwei Jahre später war es dann soweit. 1976 feierten Rita und ich unsere 'Rubinhochzeit' – wir waren vierzig Jahre verheiratet. Zufällig fiel der Hochzeitstag auf einen Sonntag. Die Familie richtete uns ein großes Fest aus. Wir wurden noch einmal mit der Kutsche zur Kirche gefahren – Hermann hatte sich extra zwei Rösser dafür geliehen. Gefeiert wurde im Hof, an einer riesigen Tafel – und auch das Wetter spielte mit. Außer Trude (die in Amerika war) und Heinz waren alle Fallers anwesend. Von Heinz war zwei Tage vorher ein Brief aus Afrika mit Fotografien und Glückwünschen gekommen.

Von der Generation meiner Eltern war nur noch Tante Bettina übriggeblieben. Tante Martha war Anfang des Jahres gestorben. Das schöne Haus am Schanzenkopf mit dem prächtigen Blumengarten, in dem sie bis zuletzt allein wirtschaftete, war verwaist. Hedi hatte sich überlegt, es zu verkaufen, wogegen ich heftig protestierte. Wir fanden später eine gute Lösung: Hedi vermietete das Berghüsle an Frieder und Theresa, als Rita und ich ins Leibgeding zogen, wo wir die folgenden sieben Jahre wohnten.

Es war ein schönes Jubiläums-Fest, der Hof war voller Menschen. Eine Blaskapelle brachte uns ein Ständchen, und dann sagte Bernhard ein Gedicht auf. Es beschäftigte sich mit Rita und mir und war zum Teil recht komisch. Wir mußten viel lachen. Leider kippte der kleine Bub von der Rosa vom Stuhl und riß sich den Daumen auf. Die Aufregung legte sich schnell: Wir haben doch jetzt eine Frau Doktor im Haus, rief Karl. Kati hatte gerade ihre Ausbildung als Krankenschwester begonnen – und sich vorher ihre schönen langen Haare kürzer schneiden lassen. Sie verarztete den Kleinen. Er bekam einen riesigen Verband um den Finger.

Meine Geschwister waren da, die ich lange nicht gesehen hatte: Hilde aus Gengenbach und Elisabeth aus Freiburg. Klara war erschienen – in einem neuen Sportwagen. Das Verhältnis zwischen ihr und Frieder war in den letzten Jahren immer besser geworden. Sie fingen an, sich gern zu haben, entdeckten sich als Vater und Tochter.

Frieder wurde dieses Jahr siebzig. Er hatte schlohweißes Haar. Auf der Hochzeitsfeier verkündete er (er hatte mit mir schon vorher drüber gesprochen), daß er in diesem Jahr auf der Säge aufhören werde. Na, wenn das kein Anlaß ist: Vadder, nimm dir ein Beispiel an deinem Bruder! rief Hermann. Ich spürte, wie mir das Blut in den Kopf schoß und stand auf. 'Mensch, Hermann!' rief jemand. Alle erwarteten ein Donnerwetter von mir.

Da fiel mein Blick auf den Daume-Hubert. Der nickte. Ich hab dieses Nicken sofort verstanden. Plötzlich war mein Ärger verflogen. Ich stand am Kopfende des Tisches, alle schauten mich an – und nichts passierte. In wenigen Sekunden hatte sich etwas in mir verändert. Der Daume-Hubert hob sein Glas und rief: Auf dein Wohl, Wilhelm! Ich nahm den Römer und prostete zurück. In diesem Moment hatte ich beschlossen, an meinem Geburtstag im nächsten Jahr Hermann den Hof zu überschreiben – und Franz würde die Säge bekommen.

Ich weiß: ich habe lange gebraucht für meinen Entschluß, den Hof abzugeben. Er ist mir nicht leicht gefallen. Aber an diesem Tag spürte ich, daß es die richtige Zeit war, um Platz zu machen. Hermann war ein tüchtiger Bauer, er wollte etwas Eigenes schaffen, und das durfte ich ihm nicht verbauen. Und daß Franz die Säge bekam, war wichtig. Er sollte Verantwortung übernehmen, denn auch er gehörte zum Hof.

Rita und ich zogen ins Leibgeding. Für uns begann ein neuer Lebensabschnitt.

Worterklärungen

Anke – Butter

Ausgeding – siehe Leibgeding

Berner Wägele – einspännige Kutsche mit zwei Sitzen und kleiner Ladefläche

Chaise – zweisitziger Kutschwagen mit Verdeck

Frucht – hier: Getreide

Götti – Pate

Großl – Großvater

Großli – Großmutter

Heiwet – Heuernte

Kilwi – Kirchweih

Landauer – viersitziger Kutschwagen mit Verdeck

Kunscht – Ofenbank

Leibgeding – kleines Wohnhaus des Altbauern, Altenteil

Öhmd – zweite Heuernte

Rosser – Roßknecht, Oberknecht

Schrättli – Angstfigur

Stör – Handwerker kommen ins Haus zum Arbeiten

Zego – Schwarzwälder Kartenspiel

z'Nüne-Essen – Vormittags-Vesper

Weitere Bücher und ein Kalender zu den „Fallers"

Das Kochbuch mit den besten Rezepten der traditionellen Schwarzwälder Küche. Es enthält außerdem die privaten Lieblingsrezepte der „Fallers" und eine Auswahl empfehlenswerter Schwarzwälder Landgasthöfe.

96 S., 40 Farbabbildungen, geb., ISBN 3-7650-8176-0, DM 29,80

Hier finden Sie die schönsten traditionellen Backrezepte aus dem Hochschwarzwald. Vom Brotbacken über Gebäck, Kuchen und Torten bis zu Fasnetküchle und Schmalzgebackenem. Außerdem die Lieblings-Backrezepte der „Fallers" und eine kleine Auswahl empfehlenswerter Cafés und Bäckereien im Schwarzwald.

96 S., 40 Farbabbildungen, geb., ISBN 3-7650-8185-X, DM 29,80

G. BRAUN BUCHVERLAG ⅃⅃

Karl-Friedrich-Straße 14 – 18 · 76133 Karlsruhe
Tel. 07 21 / 165-0 · Fax 07 21 / 165-855

Wer kennt sie nicht, die „Faller-Familie" aus der beliebten Fernsehserie „Die Fallers". Jeden Sonntag, 19.30 Uhr, und Samstag, 18.15 Uhr, in Südwest 3. Jetzt können Sie den Stadler Kalender „Die Fallers" als farbenfrohen Begleiter durch das Jahr 1999 erwerben. Liebe, Freundschaft, Existenzängste und Generationenkonflikte auf einem Bauernhof: Vier Generationen leben unter einem Dach auf dem traditionsreichen Fallerhof im Schwarzwald. Bekannte Motive aus der Serie auf 13 brillanten Kalenderabbildungen.

31 x 35 cm, Bestell-Nr. 5538, DM 19,80/SFR 19,80/ÖS 149,–

Stadler Kalender Verlagsgesellschaft mbH
Max-Stromeyer-Straße 172
D-78467 Konstanz
e-mail: stadler.verlag.konstanz@t-online.de
Homepage: http./www.verlag-stadler.de